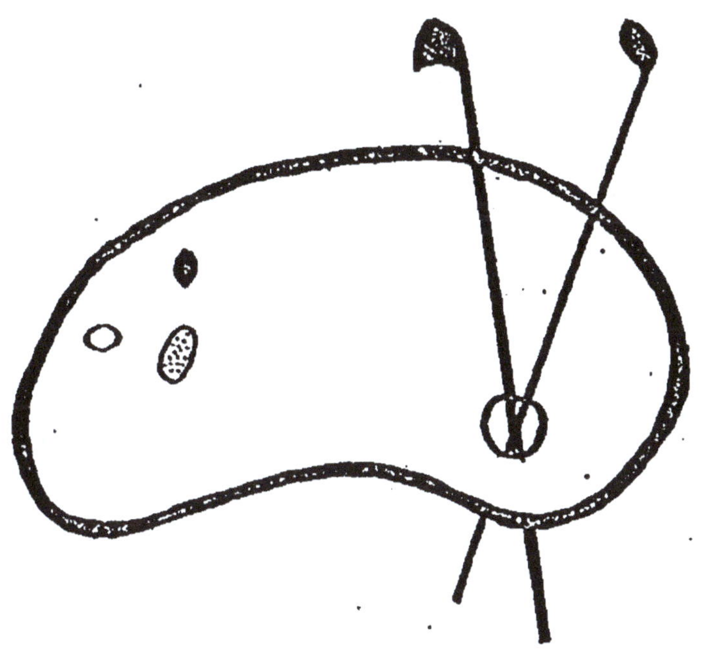

DEBUT D'UNE SERIE DE DOCUMEI
EN COULEUR

V. ERMONI

LA BIBLE ET L'ORIENTALISME

I

La Bible

et

l'Egyptologie

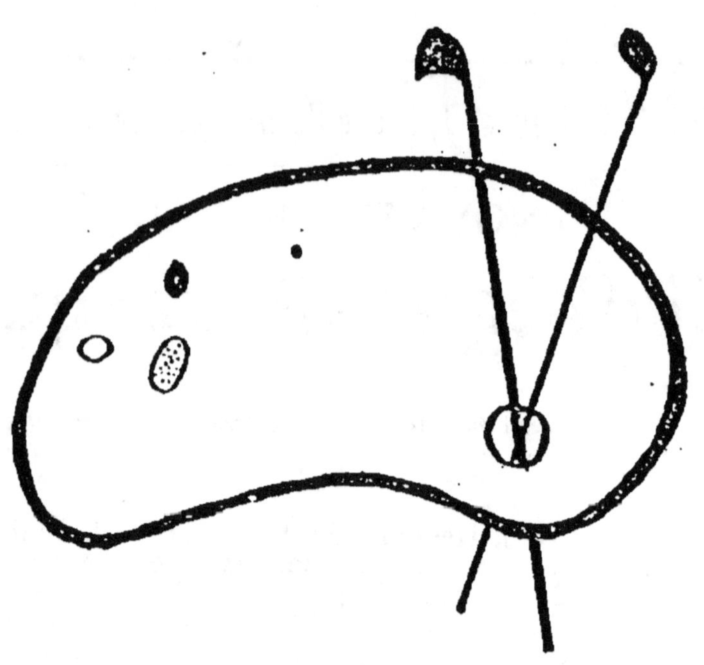

FIN D'UNE SERIE DE DOCUMENTS
EN COULEUR

LA BIBLE ET L'ORIENTALISME

I

LA BIBLE & L'ÉGYPTOLOGIE

PAR

V. ERMONI

PARIS

LIBRAIRIE BLOUD & Cⁱᵉ

7, PLACE SAINT-SULPICE, 7

1 ET 3, RUE FÉROU — 6, RUE DU CANIVET

1910

DANS LA MÊME COLLECTION

Paris, le 31 mai 1902.

Vu le rapport qui m'en a été fait, j'autorise volontiers, en ce qui me concerne, l'impression de l'opuscule de M. Ermoni, intitulé : *La Bible et l'Egyptologie.*

A, FIAT,
Supérieur général.

PERMIS D'IMPRIMER

Paris, le 9 juin 1902.

F. FAGES,
Vic. gén.

INTRODUCTION

Personne ne conteste plus aujourd'hui l'importance de l'Égyptologie par rapport à la Bible. On pouvait, autrefois, négliger jusqu'à un certain point les inscriptions égyptiennes, parce qu'on n'en comprenait assez ni la portée ni la signification. Les découvertes les plus récentes, fruit d'un long et pénible travail, nous ont montré de la manière la plus nette tout ce que l'égyptologie peut projeter de lumière sur un grand nombre de questions bibliques. Le peuple d'Israël a été, surtout à une période de son histoire, trop souvent en contact avec l'empire des Pharaons, pour qu'il ne se soit conservé, dans les monuments et les textes, quelques traces de ces relations. Sous bien des rapports, l'égyptologie sert à confirmer la vérité de certains récits ou événements bibliques, et, par conséquent, à asseoir, dans une certaine mesure, l'autorité humaine des saints Livres. — Les textes égyptiens ne côtoient pas naturellement toute l'Histoire du peuple hébreu. La plupart se rapportent aux origines mêmes de cette Histoire ; quelques-uns ont trait à la période des rois. C'est dire que l'égyptologie touche avant tout au Pentateuque. Elle se trouve engagée dans ce Recueil, qui est le fondement de toutes les Institutions du peuple hébreu ; elle n'a que très peu de rapports avec le reste de la Bible. De grands faits racontés dans le Pentateuque se sont passés en Égypte. On est, dès lors, en droit de se demander si les textes égyptiens sont venus corroborer les récits et les affirmations du recueil mosaïque ; et, s'il en est ainsi, il reste à déterminer autant que possible jusqu'à quel point les conclusions tirées de l'étude des monuments égyptiens concordent avec les données bibliques.

Les textes égyptiens, qui embrassent une période d'à peu près cinquante siècles, remplie par les trente Dynasties pharaoniques, nous ont été conservé dans trois sortes d'écriture : l'écriture *hiérogly-phique*, l'écriture *hiératique*, l'écriture *démotique*. La première, qui paraît être la plus ancienne, ne s'employait guère que sur les monuments publics ou privés : c'est l'écriture des Inscriptions gravées sur les statues et les murailles ; c'est aussi l'écriture des Inscriptions des Pyramides, des hypogées, des temples de Dendérah, d'Abydos, d'Edfou et de Karnak, des nombreux sarcophages découverts dans les nécropoles de Thèbes, de Memphis et du Delta, des statuettes funéraires enfouies dans ces mêmes nécropoles. — L'écriture hiératique est une simplification de la première : on l'employait dans les usages de la vie courante et journalière ; c'est l'écriture des papyrus ; elle fut adoptée par les prêtres, les médecins et les personnes privées pour la rédaction des rites et des cérémonies placés à côté des momies dans les sarcophages, des formules magiques, des nouvelles, des poèmes, et surtout pour la correspondance épistolaire. — Entre la XXI° et la XXV° Dynastie, on simplifia l'écriture hiératique elle-même pour la commodité des transactions commerciales, les usages domestiques, et aussi pour la rédaction des contrats à partir du règne de Shabaka et de Tharaqa. C'est de là que sortit l'écriture démotique, dont le déchiffrement présente le plus de difficultés, à cause de l'extrême simplicité des signes.

Le véritable initiateur dans le déchiffrement des hiéroglyphes fut un Français, François Champollion ou Champollion le Jeune, ainsi appelé pour le distinguer de son frère, Champollion-Figeac. Avant lui on avait fait, il est vrai, quelques essais ; mais ces essais étaient restés infructueux, parce qu'on n'avait pas encore trouvé la bonne méthode. Cet honneur était réservé à Champollion. Avec lui on sortit des tâtonnements et des conjectures plus ou moins arbitraires pour entrer dans une voie rationnelle et suivie. A sa mort, arrivée en 1832, Charles Lenormant et Nestor l'Hôte, en France ; Salvolini, Rosellini et Ungarelli, en Italie ; et bientôt après, Leemans, en Hollande ; Osburn, Birch et Hincks, en Angleterre ; Lepsius, en Allemagne, s'appliquèrent à marcher sur ses traces. D'autres ne tardèrent pas à les suivre et firent faire de notables progrès à l'égyptologie : en France, Em. de Rougé, de Saulcy, Mariette, Chabas, Devéria, de Horrack, Lefébure, Pierret, J. de Rougé, Grébaut, Révillout, Bouriant et spécialement G. Maspero ; en Allemagne, Brugsch, Dümichen, Lauth, Eisenlohr, Ebers, Stern, de Schack, Erman, Wiedemann ; en Autriche, Rheinisch et de Bergmann ; en Hollande, Pleyte ; en Norvège, Lieblein ; en Suède, Piehl ; en Russie, Golénischeff et de Lemm ; en Angleterre, Goodwin, Lepage-Renouf, Budge ; en Italie, R. Lanzone, Rossi et Ernest Schiaparelli ; en Suisse, Naville. Le progrès ne fera que s'accentuer de plus en plus à l'avenir, et peut-être que l'époque n'est pas loin où il nous sera donné de lire les œuvres littéraires des Égyptiens avec autant de certitude, sinon de facilité, que les chefs-d'œuvre de la Grèce et de Rome.

Dans ce travail, où l'espace m'est limité par la nature même de la publication, je viserai surtout à exposer les résultats qu'on peut regarder comme certains, à l'heure actuelle, ou du moins qui sont très fondés. Je ne me permettrai que quelques courtes et rares considérations sur certains points qui intéressent les catholiques, bien que l'égyptologie n'ait apporté jusqu'ici aucun témoignage concluant en leur faveur.

LA BIBLE ET L'ÉGYPTOLOGIE

CHAPITRE PREMIER

Les harmonies de la Bible et de l'égyptologie.

I. Le récit de la création de l'homme. — II. L'anthropologie. — III. Les mots égyptiens dans la Bible. — IV. L'archéologie. — V. Les cérémonies du culte. — VI. L'histoire. — VII. La géographie.

I. — LE RÉCIT DE LA CRÉATION DE L'HOMME

La Genèse, au chapitre II, verset 7, contient une seconde relation de la création de l'homme. Ce passage nous décrit d'une manière sensible la manière dont Dieu s'y prit pour former le premier homme. Le texte sacré, dans sa concision, s'exprime ainsi : « Le Seigneur Dieu forma donc l'homme avec du limon de la terre ; il souffla sur son visage un souffle de vie, et l'homme devint vivant et animé. » — Ce récit à la fois si expressif et si accessible à l'imagination populaire se rencontre presque identique dans les monuments égyptiens. Suivant la plus ancienne cosmogonie de l'Égypte, le dieu Phtah avait modelé l'humanité de ses propres mains. Aussi Phtah est-il représenté, à Philœ et à Dendérah, entassant sur le tour à potier la quantité d'argile plastique d'où il va tirer un corps humain. Les égyptologues, par une habitude invétérée, mais fausse, appellent encore assez généralement cette masse d'argile *l'œuf du monde*. En réalité c'est la masse de terre d'où sortit l'homme sous l'action du dieu Phtah. Le dieu Khnoumou avait aussi façonné l'humanité sur le tour à potier. Voilà pourquoi il s'intitule, à Philœ, « le potier façonneur des hommes, le modeleur des dieux ». Cette fonction de Khnoumou fut représentée bien des fois sur les peintures décoratives. Ainsi, à Philœ, le dieu pétrit les membres d'Osiris, qui était le mari de l'Isis locale ; dans un tableau du temple de Louxor, il est représenté assis sur son siège, achevant de modeler le roi Aménôthès III et son *double* (1), lesquels sont figurés par deux enfants, debout devant le dieu, coiffés de la tresse de cheveux et parés du collier. Le premier enfant, celui qui est le plus près de Khnoumou, porte le doigt à ses lèvres, tandis que le second a les deux bras pendants le long du corps ; le dieu pose une main sur la tête de l'un des deux enfants, et l'autre sur la tête de l'autre enfant. A Erment, on le voit occupé à faire le corps d'Harsamtaoui ou, plus exactement, la figure de Ptolémée Césarion, fils de Jules César et de Cléopâtre, qu'on identifiait à Harsamtaoui. Il est impossible de ne pas être frappé de la parenté qui existe entre le récit génésiaque et les monuments égyptiens. La seule différence qui mérite d'être signalée, c'est que la conception égyptienne paraît avoir un caractère plus anthropomorphique que celle de la Bible.

______

(1) Le mot *double* est le plus exact que les égyptologues aient trouvé jusqu'ici pour désigner, d'une manière approximative, l'âme des dieux et des hommes. C'est M. Maspero qui le proposa le premier. Depuis lors il est devenu courant parmi les égyptologues.

II. — L'ANTHROPOLOGIE

Pour certaines données anthropologiques, qu'on pourrait appeler, sans trop d'inconvénients, des données dogmatiques, l'égyptologie est d'accord avec la Bible ; on constate une grande ressemblance d'idées et d'images. Nous mentionnerons les deux points les plus importants : *la nature de l'homme et l'immortalité de l'âme.*

1° *La nature de l'homme.* — D'après la Bible — et les passages sont trop nombreux pour qu'il soit nécessaire de faire des citations — l'homme se compose de deux substances, l'*âme* et le *corps,* lesquelles ne forment qu'un seul être, qu'une seule personne. La distinction de l'âme et du corps est une doctrine familière à nos saints Livres. Elle revient très souvent sous la plume des écrivains sacrés. — Pour les Égyptiens, l'homme se composait aussi de deux parties, l'âme et le corps. Ce point est indiscutable. Sans doute les Hébreux eurent de l'âme une conception plus haute et, pourrions-nous dire, plus philosophique que les Égyptiens ; sous l'image sensible de « souffle » et de « vent », ils n'en affirmèrent pas moins sans aucune équivoque la simplicité et la spiritualité de l'âme, de la *néfesh* et du *ruah.* Cette donnée ne présente pas dans les théories égyptiennes le même degré de clarté. Toutefois on constate, même chez les Égyptiens, un effort constant, une tendance générale à se représenter l'âme, *ka* ou *ba,* comme un élément *subtil, agile* et *volage.* On peut dire que c'est là le caractère commun à toutes les représentations qu'ils se formèrent de l'âme. Tantôt ils concevaient l'âme comme un insecte, un papillon, une abeille ou mante religieuse ; tantôt ils se la figuraient comme un oiseau, l'épervier ordinaire, ou l'épervier à tête humaine, comme un héron, une grue, qui s'appelait en égyptien, *bi, ba*. L'âme était aussi pour eux l'ombre noire, *khaïbtt,* qui s'attache à tous les corps ; elle était enfin une espèce d'ombre claire, semblable à l'image qu'on aperçoit de soi-même à la surface d'une eau calme et limpide ou d'un miroir poli, une projection de la figure humaine, le double enfin, *ka*, qui reproduisait dans ses moindres traits l'image de l'individu auquel il appartenait. Sous ce dernier rapport l'âme nous apparaît comme une espèce de « dédoublement », de « rayonnement » de la personnalité. On sait que les Hébreux employaient le mot *néfesh*, « âme », pour le pronom réfléchi « soi ».

2° *L'immortalité de l'âme.* — La survivance de l'âme après la mort est formellement enseignée dans maint endroit des saintes Écritures. — Les textes et les coutumes funéraires nous ont appris avec certitude que les Égyptiens connaissaient et professaient cette vérité capitale. Je me contenterai d'en donner deux preuves. Le *Livre des Morts* nous décrit tout au long et dans les moindres détails ce qu'on a justement appelé la *Scène du Jugement* au tribunal d'Osiris. Cette scène est admirablement reproduite ou représentée sur les cercueils de momies de la XX° à la XXVI° Dynastie. Après la mort, le double comparaissait devant Osiris, le dieu des morts, pour y rendre compte de sa vie passée. Une escorte de dieux et de déesses introduisait le double dans une pièce immense, soutenue par des colonnes en bois. Osiris était assis au fond dans un *naos* (1), dont les portes entr'ouvertes le laissaient voir dans toute sa majesté, paré de tous les emblèmes divins et orné des insignes de ses attributs. Le double s'avançait jusqu'aux pieds du trône d'Osiris, portant dans ses mains l'image de son cœur ou de ses yeux, symboles des deux principaux agents de la vertu et du vice. Anubis, le dieu du tombeau, et Thot pesaient son cœur dans la balance de la Vérité, en présence des déesses qui avaient veillé sur son enfance. Le cœur était placé dans un plateau de la balance; dans l'autre se trouvait la Justice ou la Loi. Sur le fléau de la balance était assis un cynocéphale, chargé de veiller à ce que le fléau fonctionnât avec exactitude. Près de Thot se tenait un monstre, partie crocodile, partie lion et partie hippopotame, appelé le « Dévorant », prêt à détruire le cœur s'il était trouvé léger dans la balance. Lorsque le cœur faisait exactement équilibre à la Loi, le résultat en était notifié aux dieux par Thot, leur scribe, les dieux déclaraient le défunt « justifié », et celui-ci était conduit par Horus, fils d'Osiris, en présence d'Osiris, auquel il faisait les offrandes. L'épreuve du jugement étant achevée, le défunt passait dans une vie éternelle. — L'autre preuve de l'immortalité de l'âme est tirée des rites funéraires. On considérait le tombeau comme

(1) *Naos* est un terme grec dont on se sert pour désigner une sorte de petite chapelle, qui était la demeure du dieu. Le *naos* avait à peu près la forme d'un tabernacle.

l'habitation du défunt, où l'âme venait de temps en temps visiter le cadavre, pour s'unir à lui et y vivre d'une vie semblable à celle qu'elle avait vécue sur la terre. De là, l'usage de l'embaumement, qui avait pour but de conserver le corps le plus longtemps possible, afin que l'âme pût trouver où s'attacher dans sa visite au sépulcre.

III. — LES MOTS ÉGYPTIENS DANS LA BIBLE

On trouve dans la Bible, et tout particulièrement dans le Pentateuque, un certain nombre de mots, de formules et de locutions égyptiens. C'est ce qu'on appelle, parmi les égyptologues, des *égyptianismes*. On comprendra qu'il m'est impossible de dresser une liste complète de tous les égyptianismes contenus dans la Bible, car un pareil travail dépasserait les limites de cette étude. Je me bornerai aux exemples les plus saillants.

1° *Les noms propres.* — C'est d'abord le mot *Pharaon*, en égyptien *pirou aa*, qui signifie la *grande maison,* la *grande porte.* Jadis, dans notre enfance, on nous avait habitués à voir dans ce mot un nom de roi. On nous avait accoutumés à parler de Pharaon Ier, Pharaon II, absolument comme nous disons Henri Ier, Henri II. La science est venue rectifier cet enseignement élémentaire, et nous apprendre que c'est là un nom commun, qui doit se décomposer comme je viens de le dire. Pourquoi les Égyptiens appelaient-ils leurs rois la *grande Porte,* la *grande Maison ?* Il n'y a pas à chercher là un secret de sphinx. C'est tout simplement une de ces formules emphatiques dont l'Orient est prodigue, et qui sont destinées à donner une haute idée de la majesté, de la dignité, de la grandeur des personnages auxquels elles s'appliquent. On dit encore aujourd'hui dans le même sens la *Sublime Porte* pour désigner le gouvernement du sultan. Cette appellation était donc commune à tous les rois de l'Égypte ; aussi, par la force de l'association, prit-elle peu à peu le sens de *roi*. — Après le nom du roi, du prince, celui du pays, de la contrée. Le mot *Égypte* est passé dans la Bible d'une manière symbolique. *Mitsraïm*, nom hébreu de l'Égypte, est un duel et signifie proprement les deux Égyptes. Ce mot n'est ni phonétiquement ni étymologiquement égyptien ; il ne l'est que symboliquement. L'idée des deux Égyptes, celle du nord et celle du sud, était très familière aux Égyptiens. Tous les symboles en double, comme les deux diadèmes, les deux lotus, désignaient les deux Égyptes. — Le nom du législateur du peuple hébreu, Moïse, peut aussi se ramener à l'égyptien par la chute d'une lettre, phénomène qui arrive assez souvent dans les vieilles langues de l'Orient, et conserver sa signification traditionnelle de *sauvé de l'eau : mu = eau, et udj [et] = sauver.* — Le Nil, le vrai roi de l'Égypte, est passé également dans la Bible, mais sous une dénomination commune. Le nom vulgaire du Nil, en égyptien, est *aur;* on le trouve dans l'hébreu biblique sous la forme *ycor*, qui signifie *rivière, fleuve* (1). — Le nom donné à Joseph par le

(1) Genèse, XLI, 1.

Pharaon reconnaissant est aussi égyptien. Ce nom est dans l'hébreu biblique *tsafenat paeneah*. La Vulgate latine a traduit par une nuance un peu différente : *Sauveur du monde*. En égyptien ce mot signifie littéralement *engendrant, donnant la vie* (*djfent paankh*). — Joseph épousa une femme égyptienne appelée *Asenet*. Ce nom est égyptien ; il se décompose de la manière suivante : *as*, qui signifie *siége, demeure*, et *Neith*, le nom d'une déesse égyptienne ; la signification du nom est donc : *siége, demeure de* [la déesse] *Neith*. — L'eunuque du Pharaon s'appelle Putiphar : on reconnaît encore là un nom égyptien ; il se décompose en quatre mots : *p* = *le*, *tu* = *donner*, *pa* = *le*, *Ra* = *Râ*, le dieu soleil ; dès lors le nom entier signifie probablement *le donné à Râ* (1). — La ville de Thèbes, était appelée aussi en égyptien *Nouit Amon*, *la ville d'Amon;* ce nom a passé dans la Bible, *Nô-Amon* (2) ou *Nô* tout court (3).

2° *Les noms communs.* — Les bœufs que le Pharaon vit en songe paissaient dans les *ahu* (4). Il n'est pas difficile de reconnaître dans ce mot l'égyptien *akha* [*kh*], qui veut dire *verdoyer*, ce qui *verdote* et par conséquent *prairie*. — Le mot *sefat*, qui désigne les bords [du Nil] (5), est aussi égyptien ;

(1) Je dis *probablement*, car rien ne s'oppose à ce qu'on traduise par : *le donné par Râ, celui que Râ a donné.* On trouve de pareils noms même dans la religion chrétienne, par exemple *Deusdedit.*
(2) Nahum, iii, 8 (hébreu) ; le latin a traduit par « Alexandrie des peuples ».
(3) Jérémie, lxvi, 25 ; Ezéchiel, xxx, 14, 15, 16 (hébreu).
(4) Genèse, xli, 2.
(5) *Ibid.*, 17.

spet, en égyptien, signifie *lèvre*. — Le mot *shesh* (1)
vient de l'égyptien *shes*, métathèse de *sesh*, qui veut
dire *tisser* : d'où *tissu, étoffe*. — Lorsque Joseph eut
interprété les songes de Pharaon, celui-ci, pour le
récompenser, le combla d'honneurs. Il le fit monter
sur son second char, et les coureurs, qui ouvraient
sa marche triomphante, devaient crier, nous dit
l'hébreu de la Bible, *abrek* (2). En égyptien *abrek*
se compose de trois mots : *ab = gauche, er = à,
k = toi*. L'exclamation signifie donc : *La gauche à
toi*, ou simplement *à gauche*. C'est une coutume qui
existe encore aujourd'hui en Orient, paraît-il, quand
passe un grand personnage. — La nacelle, où fut
exposé Moïse sur les bords du Nil, s'appelle *tébah* (3) ;
c'est l'égyptien *tep* déterminé par la caisse. — Le
roseau, dont se servaient les Hébreux pour confec-
tionner les briques, quand la paille leur faisait défaut,
est appelé *qach* (4) ; c'est l'égyptien *qech*. — L'arbuste
où Moïse vit l'apparition céleste sur le mont *Horeb*
est appelé *seneh* (5) ; le mot égyptien *chent* désigne
l'acacia épineux. — Le tambour de la sœur de Moïse
est appelé *toph* (6) ; l'égyptien *teb* signifie la même
chose. — Le vase où l'on déposait la manne est
appelé *tzintzenet* (7) ; en égyptien, nous avons *sennu*,
qui signifie *vase*, et *tennu* qui signifie *vase* ou *mesure*.

(1) Genèse, XLI, 42.
(2) *Ibid.*, 43.
(3) *Ibid.*, VI, 14 ; Exode, II, 31.
(4) Exode, V, 12 ; XV, 7.
(5) *Ibid.*, III, 2.
(6) *Ibid.*, XV, 20.
(7) *Ibid.*, XXVI, 31.

— Les pots de viande regrettés par les Hébreux dans le désert sont appelés *sir* (1) ; en égyptien, *sera* et *seri* indiquent un *vase* de grande dimension, une *amphore*. — Dans le Deutéronome (2), *tena* désigne la corbeille destinée à contenir les offrandes des prémices ; en égyptien, le mot *tennu* signifie également *corbeille*. — Enfin il est infiniment probable que le mot *Adon* lui-même, qu'on trouve si souvent dans la Bible, et qui signifie, *Seigneur, maître,* est l'égyptien *aden* qui veut dire, *chef, directeur, celui qui commande.*

3° *Israël.* — Je fais une place à part au mot *Israël,* à cause d'une découverte faite dans ces derniers temps. Le mot *Israël (Isiraalou)* se trouve sur la stèle de Minephtah, découverte récemment par l'anglais Flinders Petrie sur l'emplacement de l'Amenophium, à l'ouest de l'ancienne Thèbes. Cette stèle se compose de 28 lignes. Nous donnons ici la traduction de la partie de l'inscription qui concerne nos recherches, à partir de la ligne 26° jusqu'à la fin : « Les chefs [des ennemis de l'Égypte], étendus à terre, y font leur salamalec et nul parmi les nomades ne porte le front haut. Tihanou est dévasté, Kheta en paix ; Kanaan est la proie de tous les maux ; Askalon est emmené ; Ghezer est pris ; Innouaamim est anéanti ; ISIRAALOU est détruit, il n'a plus de graine ; la Syrie est semblable à une veuve d'Égypte. Tous les pays sont réunis en paix ; tous ceux qui remuent ont été châtiés par le roi de

(1) Exode, xvi, 3.
(2) xxvi, 2 ; xxviii.

la haute et de la basse Égypte, Banera Meriamen,
fils de Râ Mereophtah hotep-hermaat, doué de vie,
pareil chaque jour au soleil ».

IV. — L'ARCHÉOLOGIE

Sous ce rapport il est impossible de ne pas reconnaître une large infiltration de coutumes et d'institutions égyptiennes dans la vie du peuple hébreu.
Les apologistes n'ont pas manqué depuis longtemps,
et avec de bonnes raisons, de mettre à profit les découvertes archéologiques dans l'intérêt de nos saints
Livres. On ne saurait trop insister sur ce point. Pour
une masse d'usages et de coutumes, Israël fut tributaire de l'Égypte. Je ne puis pas rapporter tous
les détails, car les proportions de ce petit volume
ne me le permettent guère. Il faut donc se restreindre
à des idées générales et aux traits les plus frappants.
— L'arche qui était le centre du culte d'Israël dans
sa vie errante fut construite sur le modèle d'un naos
égyptien. Elle en avait la configuration et toutes les
apparences. — Le système des dîmes fut aussi em-
prunté aux Égyptiens. Cette redevance due au
temple et à la caste lévitique, avait été imposée, bien
longtemps auparavant, aux sujets des Pharaons par
les prêtres de Thèbes et d'Héliopolis. Non seulement
ils avaient institué la dîme, mais ils l'auraient, suivant toutes les vraisemblances, appliquée d'une manière exorbitante, à tel point que les revenus de certains temples égyptiens devinrent considérables et
vraiment excessifs. A travers les nombreuses et inter-
minables révolutions de l'Égypte, ce fut même là,

au dire de certains historiens, une des causes qui amenèrent la chute de certains empires. — Longtemps après, le temple lui-même, une des merveilles de l'antiquité, sera conçu dans ce style dérivé du style égyptien que les Phéniciens affectionnaient et employaient dans leurs constructions ; l'autel du temple de Jérusalem, d'après ce que nous en connaissons, était semblable à celui du temple de Bubaste dont les fouilles de M. Naville nous ont dévoilé l'existence et la forme. Au surplus ce n'est là qu'un cas particulier, dont on pourrait facilement multiplier les exemples, car les rares édifices hébreux dont il nous reste quelques débris nous montrent le système de construction et de décor usité en Égypte : c'est ainsi que les montants de la porte de Lakish se terminent par une gorge égyptienne, comme les naos des temples égyptiens. Il paraît du reste démontré que, en fait d'architecture, les Hébreux ne furent pas inventeurs : ils se contentèrent d'imiter les deux peuples dont ils eurent tour à tour à subir les invasions et la domination : les Égyptiens et les Assyriens. — Si nous examinons la plus importante des institutions sociales, la famille, ce que nous lisons dans la Bible à une certaine époque, nous le trouvons à peu près exactement pratiqué dans l'ancienne Égypte, avec cette différence pourtant que l'échelle varie d'un peuple à l'autre. En Égypte, on réputait dès les temps les plus anciens l'union du frère et de la sœur juste et naturelle. L'homme avait le privilège de s'attacher autant d'épouses qu'il voulait ou pouvait en nourrir, quoique toutes n'eussent pas des droits identiques. A côté des épouses il y avait les concubines, esclaves achetées ou nées dans la maison, prisonnières de guerre, égyptiennes de classe inférieure, qui étaient livrées au pouvoir absolu de l'homme; celui-ci pouvait en faire ce qu'il voulait. C'est le harem en un mot, institution permanente en Orient, et dont Constantinople et le Caire nous offrent encore des exemples. La femme était la maîtresse de la maison, *nibit pirou*, et l'épouse *himtt*; dans la maison elle se livrait à tous les devoirs de sa condition, alimentant le feu, broyant le grain, filant, tissant, préparant les vêtements et les parfums, allaitant et instruisant ses enfants. Quiconque aura lu la Bible n'aura aucune peine à reconnaître que l'âge patriarcal d'Israël avait des mœurs analogues (1). — Les transactions commerciales se faisaient de la même façon, et le système des échanges était à peu près identique. — Ajoutons enfin pour terminer que la forme et le mobilier de la maison, les vêtements et les instruments employés à la culture des champs étaient presque absolument les mêmes. Ces coutumes sont du reste communes à la plupart des peuples orientaux.

V. — LES RITES ET LES CÉRÉMONIES DU CULTE (2)

Dans ce champ nous avons aussi beaucoup à glaner. Il est moralement certain que les Égyptiens

(1) Il faut cependant remarquer que les Hébreux de l'âge patriarcal ne permettaient le mariage qu'entre frères et sœurs de mères différentes ; exemple d'Abraham et de Sara, Genèse, xx, 2, 5, 12, 11.

(2) Les emprunts, dont je vais parler, faits à un culte étranger, ne déprécient pas plus la religion judaïque que par exemple la

connurent et pratiquèrent la circoncision, un des rites fondamentaux des Hébreux. Hérodote nous l'affirme (1) et la plupart des égyptologues ont admis le fait. M. Maspero lui-même, qui ne s'incline que devant les textes et les monuments d'une valeur indiscutable, a reconnu que « la circoncision était pratiquée, mais non obligatoire, en Égypte (2) ». Il est vrai que jusqu'ici on n'a pas trouvé de mot absolument précis pour désigner la circoncision. Lepage-Renouf avait rapproché le mot égyptien *naaqer* du copte *nouker* qui peut signifier *circoncision ;* malheureusement ce rapprochement était dû à une fausse lecture ; le mot égyptien, qu'il avait lu *naaqer,* doit être lu *âaqer.* — Si de la circoncision nous passons au sacrifice, nous constaterons sans peine que la théorie en était presque la même chez les Hébreux et les Égyptiens. En Égypte, le roi qui à l'origine était le véritable sacrificateur, allait aux champs lacer le taureau à demi sauvage, le liait, l'égorgeait, en brûlait une partie à la face de l'idole, et distribuait le reste aux assistants avec des gâteaux, des légumes et du vin (3). Les mêmes procédés se retrouvent facilement en Israël. Remarquons aussi que l'Égypte, pas plus qu'Israël, ne paraît avoir jamais connu les sacrifices humains. — Chez les Égyptiens le sacrificateur était

---

transformation des temples païens en églises n'a déprécié le culte chrétien.

(1) II, 104.

(2) Cf. Renan, *Histoire du peuple d'Israël,* 1887, t. I, p. 124.

(3) Nous connaissons ces détails par le *Rituel du sacrifice.*

astreint à une grande propreté matérielle ; il devait se laver, *oudbou*, le visage, la bouche, les mains, le corps. Cette purification était tellement essentielle à sa fonction que le prêtre en tirait son nom, *outbou, le propre* ; il devait être propre des deux mains, *outbou totout*. Tout ce Rituel, assez compliqué, de la purification est contenu dans un papyrus du Musée de Berlin, dont M. Oscar de Lemm a publié une analyse (1). — De même les vêtements des prêtres et des lévites hébreux étaient une reproduction de ceux des prêtres égyptiens. Les peintures qui nous en restent sont trop claires pour qu'il y ait le moindre doute à concevoir. L'éphod, le pectoral, la couronne et le méhil du grand prêtre, les vêtements des lévites, l'étoffe même des vêtements sacerdotaux, tout était un emprunt fait à l'Égypte (2). — Les formalités du sacrifice étaient également semblables. Mêmes détails des deux côtés ; même formalisme, mêmes minuties dans les cérémonies du culte. Depuis certaines cérémonies imposantes jusqu'aux prescriptions qui règlent les moindres actions, on constate beaucoup de ressemblances et parfois la même signification symbolique. En Égypte comme en Israël tout était prévu, minutieusement réglé d'avance : l'espèce, le poil, la couleur, l'âge de la victime, la manière de l'amener au lieu du sacrifice, de lui lier les membres, tous les détails de l'abatage,

(1) *Le Rituel du service d'Amon (Das Ritualbuch des Ammondienstes)*, p. 4 et suiv.)

(2) Voir, pour plus de détails, l'ouvrage de l'abbé Victor Ancessi, *L'Égypte et Moïse*, première partie, *Les Vêtements du Grand Prêtre et des Lévites*, Paris, 1875.

du dépeçage. On dirait que les deux Rituels, à quelques différences près, avaient été conçus et rédigés par le même auteur. — La hiérarchie sacerdotale elle-même présentait les plus frappantes analogies. Au sommet de la hiérarchie sacerdotale de l'Égypte on trouve un grand prêtre, qui prenait différents titres, selon le temple auquel il était attaché, et le Dieu qu'il servait. Ainsi il s'appelait premier prophète, *hon-noutir-topi*, d'Amon à Thèbes. Le grand prêtre de Râ, à Héliopolis, se nommait *otrou maou*, le maître des visions, car il jouissait seul du privilège de pénétrer dans le sanctuaire et d'y contempler le dieu face à face. En Israël aussi le grand prêtre seul pouvait pénétrer dans le saint des saints. Au-dessous du grand prêtre il y avait une multitude de prêtres de rang inférieur. Toute cette hiérarchie était appliquée au service des temples. La hiérarchie aaronique et lévitique des Hébreux nous apparaît presque avec les mêmes cadres et les mêmes attributions.

VI. — L'HISTOIRE

A. *Période primitive.*

1° *L'Immigration et l'Exode.* — Deux faits d'ordre naturel dominent la période primitive de l'histoire des Hébreux dans leurs relations avec l'Egypte: l'immigration et l'exode. Or, l'égyptologie a établi d'une manière indiscutable la réalité de ces deux faits.

L'Immigration. — Les historiens, même les plus

indépendants et les plus éloignés de toute vue con-
fessionnelle, reconnaissent la réalité de cette descente des Hébreux en Égypte : « Un fait subsiste
parmi tant de récits gracieux et terribles où les
Hébreux de l'époque royale se plaisaient à retracer
l'histoire de leurs ancêtres lointains : les Bnê-Israël
abandonnèrent la Syrie méridionale et descendirent
aux rives du Nil. Ils avaient séjourné assez longtemps dans ce qu'on appela par la suite les monts
de Juda. Hébron leur servait de ralliement, les
larges ouadys mal arrosés, qui forment la transition
entre les champs de culture et le désert, leur
étaient comme un patrimoine qu'ils partageaient
avec les habitants des villes voisines. Chaque année, au printemps, ils conduisaient leurs troupeaux
aux maigres herbages qui croissent dans le fond des
vallons, et ils ne les retiraient d'un canton qu'après
l'avoir épuisé. Les femmes filaient, tissaient, fabri-
quaient les vêtements, cuisaient le pain et les
viandes, allaitaient longuement et soignaient les
enfants en bas âge. Les hommes traînaient la vie
du Bédouin, avec ses retours presque périodiques
d'activité intermittente et d'oisiveté, avec sa routine
de devoirs simples et de travaux peu compliqués, ses
querelles sans fin pour la possession d'un pâturage
abondant ou d'un puits qui ne tarit jamais. Une
tradition relativement assez vieille raconte qu'ils
arrivèrent en Égypte sous un des rois Hyksôs,
Aphôbis : c'est l'un des Apôpi, celui-là peut-être qui
restaurait les monuments des Pharaons Thébains et
qui gravait son nom sur les sphynx d'Amenem-

hâit III ou sur les colosses de Mirmâshâou. Le terrain qu'il leur concéda est, aujourd'hui encore, un de ceux qui reçoivent le plus souvent la visite des nomades et qui leur prêtent une hospitalité capricieuse. Les tribus de l'isthme flottent sans cesse, en effet, d'un continent à l'autre, et leurs cantonnements dans un endroit déterminé ne sont que provisoires. Le maître du sol doit agir à leur égard avec une prudence méticuleuse, s'il les veut retenir chez lui : dès qu'une mesure de gouvernement leur déplaît ou semble les gêner dans leur liberté, elles plient leurs tentes et s'envolent par delà les sables. Le territoire qu'elles animaient se vide et meurt, pour ainsi dire, du jour au lendemain. Il en était probablement de même aux temps anciens, et les nomes bordiers du Delta étaient fréquentés à l'est ou délaissés tour à tour par les Bédouins d'alors Peu de villes, mais des forts destinés à protéger la frontière ; des bourgs, perchés au sommet de quelque tertre et ceints en banlieue de terres à blé ; au delà, des roches dénudées ou des plaines détrempées par le surplus mal réglé de l'inondation. Le pays ᴅ Goshen s'intercalait entre Héliopolis au sud, Bubastis à l'ouest, Tanis et Mendès au nord ; les troupes enfermées dans Avaris pouvaient le surveiller aisément et y maintenir l'ordre, tout en le défendant contre les incursions des Mônatiou et des Hirou-Shâîtou. Les Bnê-Israël prospérèrent dans ces parages si bien adaptés à leurs goûts traditionnels : s'ils n'y devinrent pas le grand peuple qu'on imagina par la suite, ils n'y subirent pas le sort de tant de tribus étrangères qui, transplantées en Égypte, s'y étiolent et s'éteignent, ou se fondent dans la masse des indigènes au bout de deux ou trois générations. Ils continuèrent leur métier de bergers, presque en vue des riches cités du Nil, et ils n'abandonnèrent point le Dieu de leurs pères pour se prosterner devant les Triades ou les Ennéades des Égyptiens : qu'il s'appelât déjà Jahveh ou qu'il se contentât du nom collectif d'Elohîm, ils l'adorèrent sans trop d'infidélités en face de Râ et d'Osiris, de Phtah et de Soutkhou (1) ».

Nous venons d'entendre que les Hébreux descendirent en Égypte sous les Hyksôs. Il est bon de dire un mot de ces rois. *Hyksôs* est un mot grécisé. En égyptien, la véritable expression est *hiq* qui signifie *chef*, et *schausou* qui signifie *pillards, bédouins, nomades*. Le mot *hyksôs* signifie donc le *chef des bédouins, des nomades*, d'où nous avons fait les *pasteurs*, parce que les nomades mènent la vie de bergers. Nous ne savons rien de certain sur l'époque où ils envahirent l'Égypte. On croit généralement que ce fut à l'époque de la XIV° Dynastie ; les discordes des princes de cette dynastie étaient une occasion favorable à l'invasion étrangère. Les pasteurs apparurent probablement vers le XXIII° siècle, à la descente dans le Naharaïna des Khati qui menèrent une lutte acharnée contre la Chaldée et l'Égypte. Les Égyptiens méprisaient littéralement ces étrangers et avaient pour eux la plus grande horreur ; les déno-

<hr>

(1) G. Maspero, *Histoire ancienne des peuples de l'Orient classique*, t. II, p. 70, 71, 72.

minations qu'ils leurs donnaient et que nous ont conservées les textes nous éclairent singulièrement sur ce sujet ; ils les appelaient dédaigneusement les étrangers, *schemaou* ou *schamamou*. Le souvenir de leurs cruautés se conserva vivace ; c'est pour cela qu'on les appela les *pestiférés*, les *fiévreux, Aiti, Jatt, Jaditi ;* plus tard, à six siècles de distance, Manéthon les traitera d'*hommes de race ignoble*.

L'Exode. — C'est là aussi un fait définitivement historique. Après la mort de Séti II, il y eut comme une décomposition de la royauté qui jusquelà avait été forte et admirablement coordonnée. Presque tous les rouages administratifs se relâchèrent. Les esclaves étrangers, de toute nationalité, qui étaient alors très nombreux en Égypte, profitèrent de ce moment d'anarchie pour prendre la fuite. Les Hébreux suivirent naturellement le mouvement général, et ne laissèrent pas échapper une si belle occasion. Le même historien le reconnaît sans aucune difficulté : « Un fait ressort incontestable de ces récits : les Hébreux ou, tout au moins, ceux d'entre eux qui habitaient le Delta s'évadèrent un beau jour et se réfugièrent aux solitudes d'Arabie. L'opinion la plus accréditée place leur exode sous le règne de Mnephtah, et le témoignage d'une inscription triomphale semble la confirmer, où le souverain raconte que des gens d'Israïlou sont anéantis et n'ont plus de graine (1). Le contexte indique assez nettement que ces Israïlou si mal traités étaient alors au

_____

(1) C'est la stèle de Mnephtah dont nous avons déjà parlé.

sud de la Syrie, peut-être au voisinage d'Ascalon et de Gézer. Si donc c'est bien l'Israël biblique qui se révèle pour la première fois sur un monument égyptien, on pourra supposer qu'il venait à peine de quitter la terre de servage et de commencer ses courses errantes. Bien que les peuples de la mer et les Libyens n'eussent pas pénétré jusqu'à ses campements au territoire de Goshen, il aurait profité du désarroi où leur attaque jeta ses maîtres et de la concentration autour de Memphis des soldats cantonnés à l'orient du Delta pour rompre son ban et pour se sauver au delà de la frontière. Si, au contraire, on préfère reconnaître dans les Israîlou un clan oublié aux monts de Canaan, alors que le gros de la race avait émigré sur les rives du Nil, on n'aura pas besoin de chercher longtemps après Mînephtah pour assigner à l'exode une date qui lui convienne. Les années qui suivirent le règne de Séti II présentent les conditions favorables à une entreprise aussi hasardeuse : décomposition de la monarchie, discorde des barons, révolte des prisonniers, suprématie d'un Sémite sur les autres chefs. On comprend aisément qu'au milieu du désordre universel, une tribu d'étrangers, lasse de son sort, se soit échappée de ses cantonnements, et qu'elle se soit dirigée vers l'Asie sans être énergiquement combattue par le Pharaon ; celui-ci se sentant trop accablé de soucis plus pressants pour prêter attention à la disparition d'une bande d'esclaves (1) ».

(1) G. Maspero, ouvrage cité, t. II, p. 413-414.

2° *Les autres faits naturels.* — Autour de ces deux faits centraux gravite, comme des satellites, une masse d'autres faits racontés dans la Bible ; tels sont : l'arrivée d'Abraham en Égypte, l'histoire de Joseph et de ses frères, la naissance, l'éducation et le rôle de Moïse. Quel est le degré de certitude de ces faits, et quelle est la valeur de ces récits bibliques ? Trois positions sont possibles à leur égard, et la critique est obligée de les bien délimiter pour écarter de ces graves débats toutes les confusions et toutes les équivoques. — Pour nous, catholiques, nous les croyons vrais, parce que nous avons foi au témoignage de la Bible que nous regardons comme indiscutable. — L'histoire indépendante enregistre ces faits, mais uniquement comme des données de la tradition juive. — Enfin il reste à se mettre en face des textes égyptiens et à les interroger loyalement. Or ici il faut être sincère : on n'a rien trouvé de précis dans les textes égyptiens touchant la réalité de ces faits. Sans doute on a trouvé dans les monuments quelques vagues analogies, qui ne sont pas certainement à dédaigner ; mais ces analogies, quelque séduisantes qu'elles soient, ne sont pas des données historiques. L'histoire sérieuse ne vit que de faits et de documents ; ici les documents seraient les textes, et les textes n'ont pas encore parlé. De ce silence des textes on ne peut rigoureusement conclure ni à la *vérité* ni à la *fausseté* de ces faits. Une histoire impartiale ne saurait aller à de tels excès sans se discréditer et en même temps trahir sa mission. Tout ce qu'on peut et doit dire, c'est que ces faits ne sont pas assez documentés dans le domaine de l'égyptologie pour être regardés, de ce chef, comme des événements historiques. — Mais, outre leur vérité, il reste leur vraisemblance, et l'apologiste a le droit de combattre même sur ce terrain. Dans la lutte à laquelle nous assistons depuis bien longtemps, il est légitime d'employer toutes les armes, qui ont une certaine utilité, pour repousser les attaques de l'ennemi. Or, on ne saurait contester que ces faits soient éminemment vraisemblables. Leur vraisemblance est au-dessus de toute discussion, de tout doute ; ils s'encadrent admirablement dans ce que nous connaissons des mœurs égyptiennes et sont empreints d'une étonnante couleur locale (1).

3° *Faits surnaturels*. — Les faits miraculeux, qui démontrent d'une manière palpable l'intervention de Dieu dans la période égyptienne de l'histoire des Hébreux, sont les dix plaies et le passage de la mer Rouge. — Le rationalisme, qui nie la divinité de la religion mosaïque, a bien senti l'importance de ces faits. C'est pourquoi il les a attaqués avec acharnement, et s'est efforcé d'en montrer le caractère légendaire. Employer la vieille méthode consistant à partir d'un principe philosophique pour proclamer l'impossibilité du miracle et de ce chef le proscrire de l'histoire, c'eût été purement arbitraire

(1) M. Vigouroux, dans *La Bible et les découvertes modernes*, a mis en lumière cette vraisemblance, et s'est attaché à démontrer l'authenticité de ces faits autant qu'il est permis de la démontrer à l'heure actuelle en s'appuyant sur les monuments égyptiens.

et, ajouterons-nous, inefficace sur le terrain des sciences positives. Dire : « Le miracle est impossible », ou « le premier principe de la critique, c'est de nier le surnaturel », ce sont de ces formules qui peuvent impressionner un certain public, mais qui n'ont aucune chance d'émouvoir les esprits habitués aux méthodes rigoureuses et qui demandent en histoire des faits et non des axiomes philosophiques. On préféra donc se placer sur le terrain même de l'histoire : comment se fait-il, dit-on, que les textes égyptiens n'aient conservé aucun souvenir des dix plaies et du passage de la mer Rouge ? Si ces faits sont réellement arrivés, ils durent vivement impressionner les Égyptiens. Dès lors ceux-ci n'auraient pas manqué d'en parler, d'autant plus qu'ils nous entretiennent bien souvent de choses absolument insignifiantes. Ce silence est inexplicable dans l'hypothèse de la réalité de ces faits. Il s'explique, au contraire, tout naturellement si ces faits ne sont que des légendes.

Nous reconnaissons que cet argument soulève une vraie difficulté. Nous ne sommes pas de ceux qui trouvent tout facile à expliquer lorsqu'ils sont engagés dans une voie. Nous nous rendons bien compte des embarras où se trouve souvent la critique historique. Mais ce silence prouve-t-il la thèse rationaliste, car tout est là ? — Nullement. Le rationaliste se berce d'une double illusion. On peut donner à son argument une double réponse. Premièrement un argument négatif n'est presque jamais démonstratif en bonne critique. Le silence des textes n'est qu'un argument négatif. Il ne suffit pas à prouver que ces faits ne sont pas arrivés. Si l'on a gardé le silence, rien n'empêche de supposer qu'on a eu des raisons, que nous ignorons, de ne pas parler. C'est donc un premier défaut de vouloir étayer une thèse sur un argument négatif. — En second lieu, on peut affirmer que ce silence est explicable jusqu'à un certain point. Les Égyptiens, comme du reste tous les peuples de l'antiquité, orgueilleux par nature ou préjugé, n'aimaient guère raconter leurs défaites et leurs désastres, tout ce qui avait été pour eux un sujet d'humiliation ; ils ont gardé le silence sur d'autres événements de cette sorte. Or, il est indiscutable que les dix plaies et le passage de la mer Rouge furent pour les Égyptiens des désastres, des sujets d'humiliation. Ces Pharaons, qui se donnaient comme les représentants du dieu Râ, dont les cartouches sont rédigés avec la pompe la plus solennelle, étaient sévèrement punis par ces esclaves asiatiques, par ces *Shausou*, qu'ils méprisaient profondément. C'était quelque chose de nature à blesser au vif leur amour-propre, et à leur faire tirer le voile sur ces chutes et ces revers des grandeurs humaines.

B. *Période des Rois.*

1° *Expédition de Sheshank.* — Le roi *Sheshank*, que Manéthon appelle *Sesônkhis* et la Vulgate latine *Sésac*, est le fondateur de la XXIIe Dynastie égyptienne. La Bible nous raconte sa campagne contre Juda sous le règne de Roboam. « Dans la 5e année

Jérusalem ; il s'empara des trésors de la maison du Seigneur, et des trésors royaux, et il pilla tout, et aussi les boucliers d'or que Salomon avait faits (1) ».

La campagne de Sésac contre Juda est racontée plus en détail dans le II° Livre des Chroniques (2), xii, 2-10. La substance du récit est la même dans les deux rédactions. Les Chroniques nous donnent quelques détails complémentaires, qu'il est bon de noter. Nous lisons qu'il envahit le royaume de Juda avec 1.200 chariots et 60.000 cavaliers (ÿ. 3) ; qu'il s'empara de beaucoup de villes fortifiées, et qu'il arriva enfin à Jérusalem (ÿ. 4). — Les découvertes égyptologiques ont pleinement confirmé ce récit. Le succès de cette campagne s'est perpétué dans les monuments, et c'est par là qu'il est parvenu jusqu'à nous. L'Égypte tout entière se réjouit des victoires remportées par son souverain, et fut émerveillée du riche butin qu'il avait emporté de la Judée. Aoupouti, grand prêtre, enregistra pour la postérité et aussi pour la gloire de Sésac le souvenir de ces exploits sur la muraille sud du temple d'Amon à Karnak, assez près de l'endroit où Ramsès II avait affiché les tableaux de ses expéditions syriennes. Il envoya son architecte à Silsilis pour en extraire le grès nécessaire à réparer le monument. Le tableau de Karnak représente Amon présentant à Sésac la liste des cités prises en Juda et en Israël. Cette liste est très longue,

(1) III Livre des Rois, xiv, 25-26.

(2) Comme nous écrivons pour le grand public, nous faisons observer que par *Chroniques* on désigne aujourd'hui, à l'exemple de saint Jérôme, les Livres plus communément connus sous le nom de *Paralipomènes*.

presque interminable ; on n'y compte pas moins de 133 noms. Dans cette énumération des villes conquises, on distingue surtout Rabbat, Táának, Hapharaïm, Makhanaïm, Gibéon, Bethhoron, Aïalon, Ioud-hammélek, Migdol, Ierza, Shoko, les villages du Négeb. Il ne faut pas s'étonner de la longueur de cette liste. Sésac, probablement pour se donner plus d'importance aux yeux de ses sujets, y inséra les noms des plus obscures bourgades et des moindres villages, perdus dans les montagnes ou les ouadys. Peut-être voulut-il aussi s'égaler à son devancier Touthmosis III, dont les expéditions avaient été plus brillantes et plus riches en résultats. Dans cette liste un nom surtout mérite quelque attention, parce qu'on n'est pas encore absolument d'accord sur sa signification. C'est *Ioud-hammélek*, qui occupe le numéro 29 de la liste. Longtemps on traduisit ce nom par *roi* ou *royaume de Juda*, et l'on y vit une allusion à Roboam lui-même. Cette interprétation a été abandonnée comme impossible. Max Müller et Lepage-Renouf lurent le mot hébreu *yad-hammélek* et traduisirent la *main* [le fort] *du roi*. L'opinion la plus communément reçue, c'est qu'il faut rapprocher ce nom de Iéhoud, ville de la tribu de Dan, et traduire par « Juda la royale », c'est-à-dire, la résidence du roi, ce que nous appellerions aujourd'hui la « capitale ». La liste de Sésac a suscité de nombreux travaux. Le texte en a été publié par Champollion, par Rosellini et par Lepsius. Il a été étudié et commenté par Blau, par Max Müller et par Maspero. Tous ces travaux n'ont fait que rectifier et préciser

des points de détail. Les traits essentiels n'ont nullement été modifiés.

2° *Shabak.* — Shabak, dont les Grecs ont fait
Sabacon, fut roi d'Ethiopie et d'Égypte, et appar-
tient à la XXV° Dynastie. Nous lisons au IV° Livre
des Rois, xvII, 1-6 : « La douzième année d'Achaz,
roi de Juda, Osée, fils d'Éla, régna sur Israël, à
Samarie, neuf ans. Et il fit le mal devant le Seigneur
mais non comme les rois d'Israël qui avaient été
avant lui. Contre lui monta Salmanazar, roi des
Assyriens, et Osée devint son serviteur, et il lui paya
un tribut. Et lorsque le roi d'Assyrie eut découvert
qu'Osée, s'efforçant de se révolter, avait envoyé des
messagers à Sua (hébreu *Sô,* grec *Ségôr*), roi d'Égypte,
pour ne pas payer le tribut au roi des Assyriens,
comme il avait coutume de le faire toutes les années,
il l'assiégea, l'enchaîna et le mit en prison. Et il
parcourut tout le pays et, montant à Samarie, il
l'assiégea pendant trois ans. Et la neuvième année
d'Osée, le roi des Assyriens prit Samarie et transporta
Israël parmi les Assyriens. Et il les établit à Hala,
et sur le Habor près du fleuve Gozan, dans les villes
des Mèdes ». Les inscriptions de Sargon, racontant
ses victoires contre Osé, et la relégation des habitants
de Samarie en Assyrie, mentionnent un personnage
du nom de Shibahi, Shabi, Shabé (1). On crut tout
d'abord avoir retrouvé dans les textes assyriens la
confirmation du récit biblique. M. Oppert le premier
identifia le Shibahi des inscriptions de Sargon avec le

______

(1) *Annales,* 1, 27, 29; *Inscription des plaques,* 1, 26, 27, édit.
Winckler, p. 7, 101.

roi égyptien Shabak, et lut *shillanôn* = *sultan*, le titre qui accompagne le nom de Shabi dans le texte assyrien (1). Hincks et Henry Rawlinson maintinrent l'identification proposée par M. Oppert, mais lurent le titre *tourtanou,* comme celui du général en chef des armées assyriennes (2). H. Rawlinson pourtant, tout en pensant qu'il s'agissait de Shabak, soutint que le texte de Sargon désignait Shabak non encore roi, mais simple général de l'armée d'Égypte. Dans ces derniers temps on a renoncé à cette identification, et l'on ne voit dans le Sô de la Bible, et le Shabi des inscriptions de Sargon qu'un des roitelets de la frontière orientale du Delta (3). Dans cette hypothèse le Sô de la Bible, qui se serait entendu avec Osée, pour combattre les Assyriens, ne serait pas le roi égyptien Shabak de la XXV⁰ Dynastie, mais un de ces nombreux roitelets qui pullulaient dans le Delta. Le vrai roi de l'Égypte, contemporain de ces événements, serait Bocchoris, dont nous parlerons un peu plus loin. — Si ce point est douteux et problématique, une chose cependant est certaine, mais qui n'aurait présentement pour nous aucune importance si Shabak n'était pas le même que Sô du IV⁰ Livre des Rois : c'est que Shabak, à une époque de sa vie, entretint les meilleurs rapports avec Sargon II : ils échangèrent des présents, ce qui donna probablement occasion à Shabak de faire graver à Kar-

---

(1) *Les Inscriptions assyriennes des Sargonides,* p. 22. *Grande Inscription du palais de Khorsabad,* p. 74, 75 ; *Mémoire sur les rapports de l'Égypte et de l'Assyrie,* p. 12-14.

(2) *Assyrian Discovery,* dans *The Athenæum,* 1863, t. II. p. 521.

(3) Ainsi pensent Stade, Winckler et Maspero.

nak le tableau qui nous le représente comme victo-
rieux des Asiatiques et des Africains (1). Le Pharaon
égyptien avait correspondu avec le monarque assyrien. On a trouvé un sceau de Shabak dans le palais
que Sargon avait fait construire à Kalakh pour son
usage. Le roi est représenté dans une attitude mar-
tiale. Il s'incline, et saisit probablement de la main
gauche la chevelure d'un ennemi qu'il s'apprête à
frapper avec une espèce de hache qu'il tient dans la
main droite. Au-dessus et au-devant de lui on lit ces
hiéroglyphes : *nouter noufir neb ar khet Shabak tu
tooui neb, « le Dieu bon, le maître qui fait les choses,
Shabak, donnant les deux terres toutes, ou, à toi* ».
Derrière lui on lit : *sa ankh ha,* « soufflant la vie ».
Ce cachet est donc une preuve certaine des rapports
qui existèrent entre le Pharaon de la XXV⁰ Dynastie
et Sargon II roi d'Assyrie.

3° *Tirhakah.* — Tirhakah est le troisième Pharaon de la XXV⁰ Dynastie. Il est fait mention de ce
personnage, comme roi d'Ethiopie, au IV⁰ Livre des
Rois, xix, 9, 10, en ces termes : « Et lorsqu'il eut
entendu [Sennachérib] ceux qui lui dirent de Tha-
raca, roi d'Ethiopie : Voilà qu'il s'est mis en marche
pour combattre contre toi, et lorsqu'il alla vers
lui, il envoya des messagers à Ezéchias, et leur dit :
« Dites ceci à Ezechias, roi de Juda : Que ton Dieu,
en qui tu as confiance, ne te séduise pas ; ne dis
pas : Jérusalem ne sera pas livrée aux mains du roi
des Assyriens ». On voit, d'après ce passage, que

____

(1) Lepsius, *Denkmäler,* v, 1 c.

Tirhakah, de connivence avec Ezéchias, eut des démêlés avec le roi d'Assour, qui était alors Sennachérib. Les monuments ont-ils conservé quelque souvenir de ces démêlés ? Oui. Les monuments égyptiens et assyriens nous parlent de Tirhakah et de ses luttes contre Assour. Ce qui importe, c'est de se rendre bien compte de la portée de ces monuments, car les auteurs ne sont pas d'accord sur le crédit qu'il faut leur accorder. Tirhakah fit graver sur la base de sa statue une liste de nations et de villes qu'il aurait conquises dans sa guerre contre Sennachérib. M. de Rougé appréciait ainsi cette liste : « La statuette de Tahraka, que possède le musée du Caire, est couverte à sa base par les cartouches des peuples qu'il avait vaincus... Ce sont les *Shosu*, Arabes, les *Héta*, ou Syriens du nord, *Aratu, Aradus* la phénicienne, et même *Naharatn* ou la Mésopotamie. Il n'est pas dans l'habitude des Égyptiens de consigner sur leurs monuments des victoires imaginaires ; ils se contentent de taire leurs défaites. On a donc ici la preuve certaine des victoires de Tahraka contre les Assyriens... La campagne où il délivra Ezéchias, en faisant reculer précipitamment le roi d'Assyrie, paraît avoir précédé son intronisation comme roi d'Égypte, car le comput officiel de ses années ne commence, dans ce pays, qu'en 692 avant Jésus-Christ, d'après le témoignage très certain de la chronologie des Apis. A ce moment, le Livre des Rois ne le nomme pas *Pharaon* ; il le qualifie simplement de *Mélek Kush,*

roi de Coush (1) ». En affirmant que les Égyptiens
n'avaient pas l'habitude de s'attribuer « des victoires
imaginaires », M. de Rougé paraît leur avoir prêté
une modestie exagérée (2). D'autres historiens ne
voient dans cette liste qu'une simple fanfaronnade :
« Il [Sennachérib] échoua, et Taharqou s'enorgueillit
hardiment d'être sorti de l'épreuve à son honneur.
Comme son ennemi prévalait dans la plupart des
contrées où ses ancêtres thébains avaient dominé
autrefois, il fit graver sur la base de sa statue une
liste de nations et de villes copiée sur l'un des monuments de Ramsès II : les Khati, Carchémis, le
Mitânou, les Arad, une dizaine de peuples éteints
ou déchus, mais dont le protocole de sa chancellerie
perpétuait les noms, s'y alignèrent parmi les prisonniers à côté d'Assour. C'était une fanfaronnade,
et, même triomphant, il ne posa jamais le pied en
terre syrienne, mais le succès était déjà beau d'a-
voir contraint l'invasion à reculer, et le bruit de
l'événement, courant par l'Asie, y souleva une certaine émotion (3) ». — Si Tirhakah ne fut jamais le
fameux conquérant, tel qu'il se décrit sur la base
de sa statue, une chose est hors de doute, et elle
suffit amplement à démontrer l'exactitude et la véra-
cité de la relation biblique : c'est qu'il arrêta Senna-

---

(1) *Étude sur les monuments de Tahraka*, p. 13, dans *Mé-
langes d'archéologie égyptienne et assyrienne*, novembre 1872.

(2) Dans les paroles de M. de Rougé, il y a une erreur certaine, excusable pour l'époque où parut son étude ; il identifie le
Naharaïn avec la Mésopotamie, c'est-à-dre avec la contrée
située entre le Tigre et l'Euphrate. Pour les Égyptiens le *Naharaïna* était le pays situé entre l'Oronte et l'Euphrate

(3) Maspero, *Histoire ancienne des peuples de l'Orient classique*, t. III, p. 368.

chérib dans sa première campagne contre l'Égypte et l'empêcha de paraître sur les bords du Nil (1).

4° *Néchao.* — Les Livres saints mentionnent la campagne de ce roi contre l'Assyrie, et la bataille de Mageddo, dans laquelle Josias, tributaire du roi des Assyriens, trouva la mort : « Pendant les jours de ce roi [Josias], le Pharaon Néchao, roi d'Égypte, monta contre le roi des Assyriens au fleuve de l'Euphrate. Et le roi Josias alla à sa rencontre et il fut tué à Mageddo, lorsqu'il l'eut vu. Et ses serviteurs le portèrent mort de Mageddo et l'ensevelirent dans son sépulcre. Et le peuple du pays prit Joachaz, fils de Josias, et ils l'oignirent et ils l'établirent roi à la place de son père (2) ». Ce Pharaon est Néchao II. La campagne dont il est fait mention dans la Bible eut lieu au printemps de l'année 608. La défaite de Mageddo fut un vrai désastre pour la Judée. Sur ce même champ de bataille un des prédécesseurs de Néchao, Thoutmosis, avait écrasé, près de dix siècles auparavant, les Syriens confédérés contre lui. L'historien Hérodote nous a très probablement conservé le souvenir de cette victoire. Il nous dit, en effet, que Néchao battit les Syriens à Magdôlos (3). Tous les historiens, à l'exception de Gutschmid (4) et de

(1) *Chronique babylonienne de Pinches,* col. iv, l. 16 ; voir aussi Winckler, *Babylonische Chronik B,* p. 281-285. Knudtzon a constaté le premier que le texte assyrien portait : « les Assyriens *furent battus* », *dikou,* au lieu de : « les Assyriens vinrent », *illikou,* comme on avait lu avant lui. (*Assyrische Gebete an dem Sonnengott,* t. I, p. 59.)

(2) IV Livre des Rois, xxiii, 29-30 ; voir aussi iie Livre des Chroniques, xxxv, 20-21.

(3) II, clix.

(4) *Kleine Schriften.* t. IV. p. 496-497.

Th. Reinach (1), admettent l'identité de Magdôlos et de Mageddo. On peut donc regarder comme moralement certain que l'historien grec fait allusion à la bataille de Mageddo.

Dans les monuments égyptiens, on n'a jusqu'ici rien trouvé qui relate la victoire de Néchao II sur Josias. Cependant même de ce côté tout n'est pas ténèbres. Il nous reste un monument qui fait allusion, d'une manière générale, aux victoires de Néchao : c'est un scarabée, conservé au Musée de Gizeh (2). En haut du scarabée, on voit le roi debout entre Nit et Isis, en bas des vaincus étendus sur le sol ; le champ du milieu contient le cartouche et le protocole du Pharaon. Les hiéroglyphes sont un peu détériorés. J'ai pu lire les mots suivants... *Hor nubi... Nekao sa Râ... tu ankh ma djet... ra n k setou neb*, « Horus d'or... Néchao, fils de Râ, donner la vie pareillement pour l'éternité, donner à toi tous les pays [étrangers] ».

5º *Apriès*. — Ce roi est appelé en égyptien *Ouahibrî* ; il succéda à Psammétique II. On peut voir encore aujourd'hui au Musée du Louvre sa tête couchée sur un beau sphinx (3). Le prophète Ezéchiel nous apprend que le roi Sédécias, pour combattre Naboukodonosor, fit appel au secours d'Apriès (4).

---

(1) *La bataille de Mageddo et la chute de Ninive*, p. 4-5.

(2) Mariette, *Notice des principaux monuments*, 1876, p. 207, et *Monuments divers*, pl. 48 c. On peut voir le dessin de ce scarabée dans Mariette, *Album photographique du Musée de Boulaq*, pl. 36, et dans Maspero, *Histoire ancienne des peuples de l'Orient classique*, t. III, p. 515.

(3) Pierret, *Catalogue de la salle historique*, nº 267, p. 57.

(4) XVII, 15 ; voir aussi Jérémie, XXXVII, 5-10.

Le Pharaon égyptien accourut à l'appel de Sédécias C'est du côté de Gaza que purent se rencontrer les deux armées. Mais on ne sait pas exactement ce qui arriva. Selon l'historien Josèphe (1), Apriès accepta la bataille et fut vaincu ; selon d'autres il refusa la bataille et retourna chez lui. C'est ce que semble insinuer le prophète Jérémie, *ibid.*, ỵ. 6, lorsqu'il dit : « Voici, l'armée de Pharaon qui est sortie à votre secours, retournera dans son pays d'Égypte ». Il n'y a dans ces paroles aucune indication de défaite : la bataille elle-même n'est pas relatée. Ce premier événement n'a pas encore été découvert sur les monuments. Apriès fit une campagne plus heureuse contre les Phéniciens : sa flotte battit la leur ; il s'empara de Sidon qu'il pilla, les autres villes de la côte phénicienne se rendirent. Ce roi laissa plusieurs monuments, entre autres l'obélisque qui repose sur le dos d'un éléphant, dressé sur la place de la Minerve, à Rome. — Nous savons, par d'autres sources, que Naboukodonosor envahit l'Égypte sous le règne d'Apriès ou plus exactement, d'après les dernières recherches, sous le règne de son successeur, l'usurpateur Ahmasis, qui avait vaincu Apriès à Momenphis (569) et l'avait livré à la populace de Saïs pour être étranglé (2). Il existe au Louvre un monument d'une grande importance : c'est la *Statue A 90* (3).

---

(1) *Antiquités judaïques*, x, 7[8]

(2) Jérémie, xLiv, 30 ; c'est l'accomplissement de cette prophétie

(3) Publiée dans Pierret, *Recueil d'inscriptions*, t. 1, p. 21-29, interprétée par Maspero, *Notes sur quelques points de Grammaire et d'Histoire*, dans la *Zeitschrift*, 1881, p. 57-90, et par Brugsch, *Beiträge*, dans la *Zeitschrift*, 1884, p. 93-97.

Les égyptologues et les historiens ne s'entendent pas sur la signification de ce monument. Wiedemann (1), Tiele (2), Winckler (3), pensent qu'il s'agit dans cette inscription d'une campagne chaldéenne contre l'Égypte ; d'autres croient qu'il ne s'agit pas dans l'inscription égyptienne d'une guerre chaldéenne, mais d'une rébellion des garnisons du Sud de l'Égypte, comprenant des auxiliaires grecs et sémites (4). A cause de ce désaccord des savants, la prudence nous fait un devoir de nous tenir dans la réserve.

6° *Le Jugement de Salomon.* — Tout le monde connaît le jugement porté par Salomon dans la discussion qui s'éleva entre deux femmes à propos d'un enfant (5). Le souvenir de cette sentence dut passer dans la tradition égyptienne. Car nous savons aujourd'hui qu'un roi égyptien de la XXIV° Dynastie Saïte, Bocchoris, était regardé comme ayant rendu un jugement identique. Une fresque, publiée dans les comptes rendus de l'*Academia dei Lincei* à Rome, par M. Lumbroso (6), représente le roi Bocchoris portant sa sentence dans le litige surgi entre deux femmes. D'après toutes les vraisemblances, c'est

(1) *Der Zug Nebucadnezar's gegen Egypten,* dans la *Zeitschrift,* 1878, p. 2-6, 87-90 ; *Nebucadnezar und Egypten, ibid.* ; *Egyptische Geschichte, Supplément,* p. 70.
(2) *Babylonisch-Assyrische Geschichte,* p. 433-138.
(3) *Geschichte Babyloniens und Assyriens,* p. 312-313.
(4) Ainsi Maspero, *Notes sur quelques points de Grammaire et d'Histoire,* dans la *Zeitschrift,* 1881, p. 87-90, et Brugsch, *Beiträge,* dans la *Zeitschrift,* 1881, p. 93-97.
(5) III Livre des Rois, III, 16-28.
(6) Série V, t. VI, p. 27-45. On peut voir la reproduction de cette fresque dans Maspero, *Histoire ancienne des peuples de l'Orient classique,* t. III, p. 245.

la renommée même de Salomon et de sa sagesse qui se serait attachée au Pharaon égyptien. Ce roi, en effet, était connu pour l'intégrité de sa vie et la prudence de ses sentences. Outre celle que nous venons de mentionner et qui rappelle évidemment le jugement de Salomon, il en aurait porté d'autres, toutes remplies du même esprit de sagesse. A l'époque gréco-romaine il existait même un recueil des arrêts qu'il aurait prononcés. C'est ainsi qu'il fut encore représenté décidant entre deux mendiants qui se disputaient un manteau, entre trois hommes dont chacun réclamait une besace remplie de provisions (1).

VII. — LA GÉOGRAPHIE

Je comprends sous ce titre un certain nombre de localités égyptiennes, mentionnées dans la Bible. Ces villes et ces localités sont : ON (Héliopolis des Grecs), Genèse, XLI, 45 ; XLVI, 20 ; Ézéchiel, XXX, 17 ; — SAN (Tanis des Grecs), Nombres, XIII, 23 ; Psaume LXVIII (LXXVII), 12 ; Isaïe, XIX, 11, 13 ; XXX, 4 ; Ézéchiel, XXX, 14 (texte hébreu) ; — PÉLUSE, Ézéchiel, XXX, 15, 16 ; — RAMESSÉS, Genèse, XLVII, 11 ; Exode, I, 11 ; XII, 37 ; Nombres, XXXIII, 3 ; — PITHOM, Exode, I, 11 ; — SOCATH, Exode, XII, 27 ; XIII, 20 ; Nombres, XXXIII, 5, 6 ; — ETHAM, Exode, XXIII, 20 ; Nombres, XXXIII, 6, 8 ; — PHIHABIROTH, Exode, XIV, 2 ; Nombres, XXXIII, 7, 8 ; — BUBASTE, Ézéchiel, XXX, 17 ; — MEMPHIS,

___

(1) On peut consulter encore M. Lumbroso, dans l'*Archiolo per lo Studio delle tradizioni popolari*. t. II. p. 569 et suiv.

Isaïe, xix, 13 ; Jérémie, ii, 16 ; xliv, 1 ; xlvi, 14, 19 ; Ézéchiel, xxx, 13, 16 ; Osée, ix, 6 ; — TAPHNÈS, Jérémie, ii, 16 ; xliii, 7, 8, 9 ; xliv, 1 ; xlvi, 14 ; Ézéchiel, xxx, 18 ; — No-Amon (Thèbes) dont nous avons déjà parlé ; — PATHURÈS, Jérémie, xliv, 1 ; Ézéchiel, xxix, 14 ; xxx, 14 ; — Syène, Ézéchiel, xxix, 10 ; xxx, 6.

CHAPITRE II

Les prétentions du rationalisme.

I. Théorie rationaliste. — II. Critique de cette théorie.

I. — THÉORIE RATIONALISTE

Le rationalisme, du moins dans sa nuance la plus avancée, n'a pas manqué de s'appuyer sur les nombreuses concordances que nous venons de constater entre la Bible et l'égyptologie pour attaquer l'origine divine de la religion mosaïque. On s'acharne depuis longtemps à nier le rôle tout à fait particulier joué par Israël dans le cours des temps, et à faire rentrer son histoire dans le cadre général de l'histoire de l'humanité. Rien de transcendant et de supérieur à la vie des autres nations ne distinguerait ce peuple. Son existence ne serait qu'une phase de la grande évolution historique, ses destinées qu'une nouvelle application des lois naturelles qui régissent la marche des peuples. L'étude des religions comparées devait exercer une part d'influence sur les idées du rationalisme ; elle devait tout naturellement porter l'esprit humain à se poser cette question : Le mosaïsme, tel qu'il apparaît dans la Bible, présente-t-il un caractère original et transcendant, est-il une création divine, ou bien se rattache-t-il à des institutions antérieures, dont il serait tout au plus un simple perfectionnement, une épuration ? Pour résoudre ce problème la critique rationaliste a eu surtout recours à l'égyptologie, et ses conclusions ont été, comme il était permis de s'y attendre, contraires à l'originalité et à la transcendance de la religion mosaïque. Les apologistes chrétiens avaient dit : Le Pentateuque répond très bien à ce que nous connaissons de l'Égypte ancienne ; donc il est authentique. Le rationalisme a dit : Le Pentateuque contient beaucoup d'emprunts à l'Égypte ancienne ; donc son auteur n'a fait qu'imiter, copier les institutions de l'Égypte ; donc la religion mosaïque n'est qu'un décalque, un plagiat de celle de l'Égypte. Comme on le voit le mosaïsme ne serait en définitive que la religion égyptienne transplantée, implantée sur les bords du Jourdain et pratiquée sur une terre étrangère. Il ne faudrait plus regarder le mosaïsme comme descendu du ciel : ce ne serait que le produit d'un certain travail de la raison humaine sur des matériaux d'importation égyptienne. Les dogmes les plus élevés, les idées les plus hautes et les plus belles ne trouvent pas grâce devant cette farouche critique ; tout doit rentrer dans un moule antérieur, et tout aussi doit dériver d'un noyau primitif. Ce n'est plus au Sinaï qu'il faut chercher l'origine du mosaïsme, mais à

Héliopolis ; ce n'est pas Moïse qui aurait été le premier propagateur de la nouvelle religion ; tout le mérite en reviendrait aux prêtres d'Héliopolis ou d'Hermopolis. Israël perdrait sa place priviliégée dans l'histoire du monde, et la céderait à l'Égypte. C'est ainsi que raisonne le rationalisme.

II. — Critique de cette théorie

La thèse de la réductibilité du mosaïsme aux institutions égyptiennes n'est pas soutenable dans l'état actuel de la science. Le dépouillement des textes n'a pas accrédité une pareille conception. On peut débusquer le rationalisme de sa position de deux manières, c'est-à-dire qu'on peut démolir sa thèse par deux arguments. Premièrement en renversant le point d'appui sur lequel elle repose, qui est sans doute une vérité, mais une vérité exagérée. S'il existe beaucoup de similitudes entre les institutions mosaïques et les égyptiennes, il n'y a pas pourtant conformité absolue, et de plus il y a des divergences très nombreuses. Dès lors le fait, sur lequel on prétend asseoir la théorie, est démesurément grossi. La linguistique nous a révélé bien des détails. Mais qu'est-ce que ces quelques mots par rapport à un recueil aussi étendu que le Pentateuque, et qui est écrit en un hébreu pur et correct ? Ce sont des éclairs. Le rédacteur racontant des faits qui se seraient passés en Égypte, a dû nécessairement se servir de ces mots. Les détails archéologiques et cultuels ne sont pas non plus assez nombreux ni assez significatifs pour ramener tout le mosaïsme, si complexe et si étonnant, aux systèmes égyptiens. On ne peut pas construire et faire reposer un si vaste édifice sur des bases si étroites. Il faut donc forcément en rabattre de ce côté. Quelques faits, quelques parcelles, quelques fragments, quelques échos ne suffisent pas à donner au tout l'estampille égyptienne. Ce serait à l'encontre de toutes les méthodes légitimes. C'est le défaut d'Ebers, animé d'ailleurs d'excellentes intentions, et de ceux qui se sont attachés à sa fortune, d'avoir trop insisté sur ce que nous appelons aujourd'hui la *couleur locale* pour nous conduire à des conclusions que le déchiffrement des textes n'a pas toujours confirmées et dont le rationalisme se fût aisément accommodé. Car si ces conclusions tendaient à prouver, presque avec le seul secours de l'égyptologie, l'authenticité intégrale du Pentateuque, elles aboutissaient du même coup à en faire, conformément aux visées rationalistes, à peu près un recueil égyptien écrit en langue hébraïque. Le Pentateuque, même en s'en tenant à ses éléments purement humains, respire sans doute un grand parfum égyptien, mais la fleur a aussi des racines ailleurs.

En second lieu, admettons pour un moment, comme le veut le rationalisme, que tout soit absolument identique sous le rapport de l'archéologie et des cérémonies religieuses, que les institutions d'Israël soient une fidèle reproduction de celles de l'Égypte, car c'est à cela qu'en appellent surtout nos adversaires pour donner à leur théorie un fondement historique, serions-nous battus et forcés de capituler ?

Pas le moins du monde. Il nous resterait toujours un autre terrain sur lequel nous sommes inexpugnables, sur lequel aussi il est de plus en plus prudent que l'apologétique biblique se place dans l'incertitude des découvertes que peut nous ménager l'avenir. Mieux vaut prendre une attitude franche et loyale qu'être obligé, surpris par l'impérieuse nécessité des faits, de recourir à des distinctions et à des explications plus ou moins cabalistiques et qui n'ont rien de la dignité de la science. Ce terrain privilégié, il me reste à l'indiquer.

CHAPITRE III

Supériorité de la Bible.

I. La cosmogonie. — II. Le monothéisme.
III. La morale.

I. — LA COSMOGONIE

La Bible s'ouvre par un enseignement clair et précis sur les origines des choses : « Au commencement Dieu créa le ciel et la terre ». — Ces quelques mots donnent la solution du problème dans lequel avait sombré toute la pensée antique. Le monde a commencé par cet acte de la toute-puissance de Dieu que nous appelons *création*. Et cette création doit être prise dans le sens propre et rigoureux, dans le sens de la théologie catholique, c'est-à-dire comme une extraction du néant. Le monde a été tiré du néant par la puissance de Dieu : telle est l'affirmation contenue dans le premier verset de la Bible, entendu comme la Bible l'interprète elle-même (II Livre des Macchabées, VII, 28). — Les Égyptiens, comme tous les autres peuples, se livrèrent à bien des spéculations sur l'origine du monde, mais jamais ils ne purent dégager l'idée de création ; jamais ils ne purent entrevoir cette solution. Sans doute leur théologie nous parle assez fréquemment du commencement du monde ; mais ce commencement n'est que l'élaboration d'une matière préexistante, la mise en œuvre de matériaux que le dieu avait trouvés tout préparés et dont personne ne connaissait la provenance. — Comment donc la théologie égyptienne expliquait-elle l'origine des choses ? Elle enseignait que les germes de toutes choses avaient dormi pendant de longs siècles dans le sein de l'eau ténébreuse, de *Nou*, qu'il faut peut-être rattacher à *Nouî*, la déesse du ciel. Au temps voulu, le dieu de chaque cité réveilla ces éléments endormis, et opéra sur eux selon son génie propre.

Dans cette disposition des éléments préexistants, chaque dieu obéit à ses attributs propres, et au rôle que lui avait assigné la vieille théologie. Voilà pourquoi on peut dire qu'il y eut autant de coordinations, d'agencements de ces matériaux qu'il y avait de dieux locaux, de dieux maîtres et rois des cités particulières. La déesse Nît de Saïs, qui était tissandière de sa profession, avait tramé, tissé le monde, comme la mère de famille trame et tisse les vêtements de ses enfants. Khnoumou, le Nil de la cataracte, avait amassé le bienfaisant limon de ses eaux et en avait modelé les êtres sur le tour à potier. C'est

pour cela que ce dieu est appelé a Philœ « Khnoumou... le père des dieux, qui est lui-même, qui
pétrit (1) les humains et modèle (2) les dieux ». Les
théologiens du Delta avaient compliqué l'opération.
La terre (le dieu Sibou) et le ciel (la déesse Nouit)
étaient perdus dans *Nou* et se tenaient étroitement
unis. Au jour marqué, le dieu Schou sortit des
eaux éternelles, se glissa entre les deux et, saisissant
Nouit à pleines mains, la haussa par-dessus sa tête.
Le buste étoilé de la déesse s'allongea dans l'espace
et devint le ciel, ses pieds et ses mains retombèrent
sur notre sol et formèrent les quatre piliers du fir-
mament. Quant à Sibou, il avait opposé de la résis-
tance à Shou, il avait engagé une lutte contre
lui. Il est représenté couché et faisant des efforts
pour se mettre debout. Une de ses jambes est éten-
due horizontalement, l'autre s'arc-boute afin que le
corps puisse prendre son élan, le bras droit se porte
déjà vers le ciel. Cet effort n'eut pas de résultat.
Sibou fut frappé d'immobilité par Shou, et demeura
éternellement dans cette position. Il souffre toujours
de la séparation d'avec Nouit, et sa plainte ne cesse
de monter vers le ciel (3). Toutes ces conceptions
cosmogoniques ne ressemblent en rien à la création
du néant formulée si clairement dans les saints

(1) C'est de là que lui vient son nom de *Khnoumou*, car en
égyptien *khnoum* signifie *bâtir, construire, pétrir.*

(2) *Masou*, « engendrer, façonner ».

(3) G. Maspero, ouvrage cité, t. I, p. 128-129. — La scène de la
séparation de Sibou et de Nouit, par Shou est représentée dans le
Dictionnaire de Mythologie de Lanzone, planche LXI, 4. — Les
théologiens de Mend s et de Bouto avaient émis d'autres théories sur l'origine des choses. On peut voir, outre les textes,
G. Maspero, ouvrage et tome cités, p. 129 et suiv.

Livres. Par cet enseignement révélé, la Bible plane bien au-dessus, non seulement des théories de la théologie égyptienne, mais aussi de tous les systèmes de l'antiquité. Cette conclusion s'impose à nous avec une certitude absolue. Toutes nos recherches nous ont conduit à ce résultat.

II. — Le monothéisme

1° *La religion primitive de l'Égypte.* — On ne sait rien de certain sur la religion primitive des Égyptiens. Outre que les textes les plus anciens présentent d'assez grandes difficultés, les images, les formules et les conceptions elles-mêmes sont flottantes, ondoyantes et d'une désespérante flexibilité. Toute cette perspective religieuse se perd pour nous dans une espèce de nuage où il n'est pas facile de distinguer les lignes et les contours, ni même parfois les objets qui s'y meuvent. Les égyptologues de la première heure étaient portés à croire que la plus ancienne religion qui avait régné aux bords du Nil avait été le monothéisme, et, en effet, au milieu de l'encombrement des textes et des formules cultuels, on semble bien entrevoir des échappées de monothéisme. La pensée égyptienne paraît faire d'énergiques et puissants efforts pour se fixer sur un être unique et supérieur à tous les autres. — Les égyptologues d'à présent sont plutôt enclins pour la plupart à une opinion opposée. L'Égypte n'aurait jamais connu le monothéisme, et même son berceau aurait été plongé dans le polythéisme. Sans pouvoir préciser d'une manière exacte ce que fut la religion primitive des Égyptiens, on est généralement disposé à penser qu'elle fut une espèce de *panthéisme cosmique*. Chaque Dieu prend des formes variées et multiples ; mais ordinairement les apparences sous lesquelles il se manifeste et les formes qu'il revêt sont des êtres de la création, de la nature visible et matérielle : le soleil, le ciel, la terre, le Nil, son limon bienfaisant et fécondant. Tout ce qui est de nature à impressionner fortement l'imagination ou à gagner le cœur est une manifestation d'un dieu quelconque. On ne parvient pas à distinguer Dieu de la nature, le Créateur des créatures ; l'esprit égyptien reste réfractaire à l'idée d'un Dieu transcendant et personnel, supérieur à la nature tout entière et maître absolu de la création. — La conclusion qui se dégage inéluctablement de cette divergence d'opinions, c'est qu'il est impossible de se prononcer avec certitude sur la religion primitive de l'Égypte. Le voile n'est pas encore tiré, et, dans ces conditions, on aurait tort d'être trop affirmatif dans un sens ou dans l'autre.

2° *Le polythéisme.* — Quoi qu'il en soit des origines, le polythéisme ne tarda pas à faire son apparition sur les bords du Nil et à conquérir promptement l'Égypte. Ce mouvement polythéiste prit une prodigieuse extension. Les sujets des Pharaons connurent une masse de formes religieuses tellement compliquées, tellement enchevêtrées, que l'histoire et la philologie n'ont pas encore réussi à se débrouiller complètement au milieu de ce chaos et à dessiner des lignes précises.

Les dieux se croisent et se multiplient avec une extraordinaire facilité. On dirait une luxuriante végétation dans le ciel des divinités. Chaque nome, chaque ville importante avait le sien. Et, chose étonnante, ces dieux se métamorphosaient et prenaient toutes les formes possibles et imaginables ; ils se montraient sous toutes les faces à leurs adorateurs. Il y avait les dieux-fonctions, tels que Naprit, l'épi mûr, et Maskhonit qui apparaissait près du berceau de l'enfant au moment de sa naissance ; les dieux-génies, tels que Donit et Nokit ; les dieux-étrangers, tels que Hâthor, la dame de Pouanit, Bîson, Shehahidi, d'origine libyenne, Baâlou, d'origine sémite ; les dieux-astres, tels qu'Horus, le ciel dont les deux yeux étaient le soleil et la lune, Sibou et Nouît, la terre et le ciel mariés, Râ, le disque solaire ; les dieux représentés par le soleil dans sa course, tels que Saktit, la première barque, Mazît, la seconde barque, Apôpi, le serpent gigantesque qui se dressait sur le chemin du soleil ; les dieux qui accompagnent le soleil dans sa course, tels que Jâouhou, Akhimou-Sokou, Akhimou-Ourdou ; les dieux-constellations, tels que Ouapshetatooui, *Jupiter,* Kahni, *Saturne,* Sobkou, *Mercure,* Bonou, *Vénus,* Sahou, *Orion,* Sopdit, *Sirius* ; les dieux-Nils, tels qu'Osiris du Delta, Khnoumou de la cataracte, Harshâfitou d'Héracléopolis ; les dieux-terre, tels qu'Isis de Bouto, Phtah de Memphis, Amon de Thèbes, Mînou de Coptos ; les dieux-ciel, tels qu'Hâthor de Dendérah, Nît de Saïs, Anhouri-Schou de Sébennythos, Harmerati de Pharbœthos, Har-Sapdi de l'ouady Toumilat, Harhouditi d'Edfou, pour ne nommer que les plus importants. — Autre complication : ces dieux, ou du moins plusieurs d'entre eux, apparaissaient, comme nous l'avons déjà dit, sous des formes multiples et changeantes ; à proprement parler, ce sont de vrais caméléons. C'est ainsi qu'Horus-soleil, identifié avec Râ, devient Harmakouiti, *Horus des deux horizons*, Hartima, *Horus-piquier*, Anhouri, *Horus* de Thinis. Quelquefois les dieux s'incarnent dans des animaux : ainsi Osiris à Mendès, Harshafitou à Héracléopolis, Khnoumou à Éléphantine, s'incarnent dans des béliers ; Râ à Héliopolis, Phtah à Memphis, Mînou à Thèbes, Montou à Hermonthis, s'incarnent dans des taureaux. D'autres fois ils se contentent de changer de nom : Phtah de Memphis devient Sokaris, Ouapouaîtou devient Anubis, Anhouri devient Khontamentît.

On voit d'après ce court exposé que les ramifications de l'arbre polythéiste étaient à la fois très nombreuses et très flexibles.

3° *Divers essais de simplification*. — L'historien toutefois est obligé de constater, pour l'honneur de la pensée humaine, que trois tentatives furent faites pour mettre un peu d'ordre et de systématisation dans ce Panthéon.

Le premier effort dans ce sens aboutit à ce qu'on appelle les *triades locales :* un dieu s'unit avec deux déesses, ou une déesse avec deux dieux. Le dieu Thot d'Hermopolis s'unit aux déesses Seshaît-Sapkhitoboui et Nahmaouît, le dieu Toumou d'Héliopolis aux déesses Nebthôtpît et Iousasît, le dieu Khnoumou aux fées Anoukit et Sâtit ; la déesse Nit de Saïs s'unit au dieu Osiris de Mendès et enfante Ari-hos-nofri un lionceau au regard bienfaisant, pour compléter la triade ; la déesse Hâthor de Dendérah s'unit aux dieux Hcroeris et Ahi. Nonobstant cette mise en triades, l'encombrement des dieux et des déesses n'en persista pas moins dans les temples égyptiens.

Le deuxième essai de simplification et de coordination fut l'œuvre des théologiens d'Héliopolis. On disposa les dieux en Ennéades, *paoutt noutirou*, des triades de triades. Mais la complication s'introduisit aussi dans cette classification en Ennéades. On distingua principalement l'Ennéade créatrice, qui avait pour chef Schou, la petite Ennéade, dont le chef était Harsieris, et la grande Ennéade, où dominait Anubis. — A Hermopolis on inventa un conseil créateur, composé de cinq dieux, et une Ogdoade, quatre couple de dieux et de déesses. Cette coordination qui pouvait sourire aux spéculations des collèges sacerdotaux d'Héliopolis et d'Hermopolis, ne parvint nullement à briser le cercle du polythéisme ; elle eut simplement le mérite de ranger en bataillons la cohorte confuse des dieux égyptiens.

Enfin la dernière tentative, la plus méritoire entre toutes, fut de réduire le Panthéon égyptien et d'introduire une certaine unité ou plutôt une subordination entre les hôtes qui l'habitaient. Déjà dès les temps les plus anciens on constate une pareille tendance. Le dieu local, le dieu de la cité avait aux yeux de ses adorateurs et de ses fidèles la suprématie sur les autres dieux de l'Égypte et même sur les dieux étrangers. Ces dieux locaux portent dans les inscriptions les titres de « Dieu unique », *Noutir ouâ*, de « Roi des dieux », *Souton noutirou*, de « dieu Grand maître du ciel », *Noutir âa nib pit*. Mais la suprématie et la prééminence d'un dieu local ne parvenaient pas à supplanter la suprématie et la prééminence d'un autre dieu local dans son propre domaine. Chaque Dieu local trônait et était maître dans son district à peu près comme les chefs féodaux du moyen âge. Au fond ces dieux ne constituaient pas une monarchie mais une simple féodalité. Nulle part n'apparaît le maître unique et absolument souverain. — Sous la XVIIIᵉ Dynastie, on voit aussi se dessiner un mouvement dans ce sens. Le dieu Amon-Râ, seigneur de Thèbes, tend à accaparer le rôle suprême au détriment des autres, et à devenir un dieu général par toute l'Égypte. Il faut applaudir à ces aspirations de l'esprit humain. Toutefois de pareilles tentatives et de pareilles visées n'ont rien d'analogue au iahvéhisme mosaïque. Celui-ci est un dogme absolument transcendant. Cette espèce de suprématie qu'on accordait en Égypte à un dieu suivait, pour ainsi dire, les évolutions politiques de la nation et les révolutions de l'histoire ; elle était liée à l'élévation et à la décadence des empires et des pouvoirs humains. Lorsque Thèbes était souveraine, c'était le dieu local de Thèbes qui avait le premier pas ; lorsque Memphis prenait le dessus, son dieu détrônait, dans le cœur et la vénération des Égyptiens, celui de sa rivale. On attachait une idée symbolique à ce déplacement du centre de la religion.

Quand une ville l'emportait sur une autre, c'était, croyait-on, parce que son Dieu était plus puissant ; de sorte qu'en Égypte la religion du plus fort était toujours la meilleure et exerçait un semblant de domination sur les sujets des Pharaons. Ajoutons aussi, pour sauvegarder les droits de l'histoire, que les différents collèges sacerdotaux doivent être pour quelque chose dans la fortune des dieux locaux. On comprend aisément que les prêtres attachés au service d'un temple fussent portés à mettre leur dieu au-dessus des autres. Il n'y a là qu'un phénomène psychologique parfaitement normal. Les coteries et les intrigues ont toujours joué dans l'histoire un rôle plus ou moins considérable.

Ce qu'il faut surtout retenir c'est que, au milieu de toutes ces tentatives, l'esprit égyptien n'arriva jamais à ce monothéisme admirable qui suffirait à lui seul à placer le peuple d'Israël au-dessus de tous les peuples de l'antiquité, et à faire son incomparable grandeur. On me permettra de terminer par les paroles d'un éminent égyptologue, que j'ai déjà cité au cours de cette étude, et dont le témoignage est d'autant plus précieux qu'il ne s'inspire que de convictions scientifiques : « En raisonnant de la sorte, les Égyptiens s'acheminaient naturellement vers le concept de l'unité divine où les menait déjà la théorie de l'Ogdoade hermopolitaine. Ils y touchèrent en effet, et les monuments nous montrent d'assez bonne heure les théologiens occupés à réunir en un seul être les attributions que leurs ancêtres avaient dispersées sur mille êtres divers. Mais ce dieu vers lequel ils tendent n'a rien de commun avec le Dieu de nos religions et de nos philosophes modernes. Il n'était pas comme le nôtre est pour nous, Dieu tout court : il était Toumou, le dieu unique et solitaire — *noutir oudou oudtti* — à Héliopolis, Anhouri-Shou, le dieu unique et solitaire, à Sibennytos et à Thinis. L'unité d'Atoumou n'excluait pas celle d'Anhouri-Shou, mais chacun de ces dieux, unique dans son domaine, cessait de l'être dans le domaine de l'autre. L'esprit féodal, toujours vivace et jaloux, s'opposa à ce que le dogme entrevu dans les temples y triomphât des religions locales et s'étendît au pays entier. L'Égypte connut autant de dieux uniques qu'elle avait de grandes cités et même de temples importants : elle n'accepta jamais le dieu unique, Dieu (1). » — On nous permettra d'ajouter quelques mots en forme de conclusion : Par le dogme du monothéisme inscrit en lettres éclatantes, en lettres d'or au frontispice même de la Genèse, et qui est le centre de toute la religion mosaïque, Israël s'élève à une hauteur infinie au-dessus de tous les systèmes religieux de l'Égypte.

III. — LA MORALE

Pour la morale nous avons le *Décalogue*. Par le Décalogue Israël est à une distance incommensurable au-dessus de l'Égypte. Rien de si beau, de si

---

(1) G. Maspero, ouvrage cité, t. I, p. 152. — Je partage ces conclusions de l'auteur, excepté pour les temps primitifs, où la chose ne me paraît pas suffisamment claire.

pur, et de si précis dans la religion égyptienne, quoiqu'elle contienne certains préceptes de morale d'une beauté incontestable. Il existe en effet dans le *Livre des morts* des Égyptiens un admirable morceau de morale, désigné sous le nom de *Confession négative* ; c'est l'accusation du défunt au tribunal d'Osiris. Il y a dans ce document des maximes capables de faire rougir nos modernes civilisations et dont on ne saurait méconnaître, sans être injuste, ni la pureté, ni l'élévation. Il est nécessaire de nous occuper de ce morceau soit pour mettre bien en relief le mérite de la morale égyptienne, soit pour qu'on puisse la comparer en pleine connaissance de cause, avec la morale biblique, et tirer de là les conclusions qui en découlent naturellement. C'est en mettant sous les yeux du lecteur tous les éléments du débat, qu'on fait œuvre de critique loyal et impartial, et qu'on s'accrédite même aux yeux de ceux qui ne partagent pas nos croyances. Le mort donc, ayant comparu au tribunal d'Osiris et ayant fait les cérémonies nécessaires, s'exprimait ainsi : « Salut à vous, maître de Vérité, salut à toi, dieu grand, maître de Vérité et de Justice ! Je suis venu sous toi, mon maître, je suis amené pour voir tes beautés ! Car je te connais, je connais ton nom, je connais le nom de tes quarante-deux divinités, se gorgeant de leur sang, en ce jour où l'on rend ses comptes devant Onnophris, le juste de voix. Ton nom à toi, c'est le *Dieu, dont les deux jumelles sont les dames des deux Vérités :* or, moi, je vous connais, seigneurs des deux Vérités, et je vous apporte la Vérité, j'ai détruit pour vous les péchés. — Je n'ai point commis d'iniquités contre les hommes ! Je n'ai point opprimé les petites gens ! Je n'ai pas opéré de détour· nements dans la nécropole ! Je n'ai jamais imposé du travail à homme libre quelconque, en plus de celui qu'il faisait pour lui-même ! Je n'ai point transgressé, je n'ai point faibli, je n'ai point défailli, je n'ai point accompli ce qui est abominable aux dieux ! Je n'ai pas fait maltraiter un esclave par son maître ! Je n'ai affamé personne, je n'ai point fait pleurer, je n'ai pas assassiné, je n'ai point fait assassiner traîtreusement, et je n'ai commis de trahison envers personne ! Je n'ai rien retranché aux provisions des temples ! Je n'ai point gâté les pains de proposition des dieux ! Je n'ai pas enlevé les gâteaux et le maillot des morts ! Je n'ai point fait œuvre de chair dans l'enceinte sacrée des temples ! Je n'ai pas juré ! Je n'ai rien retranché aux redevances sacrées ! Je n'ai pas tiré sur le peson de la balance ! Je n'ai pas faussé le fléau de la balance ! Je n'ai pas enlevé le lait de la bouche des nourrissons ! Je n'ai point lacé les bestiaux sur leurs herbages ! Je n'ai pas pris au filet les oiseaux des dieux ! Je n'ai pas péché les poissons de leurs étangs ! Je n'ai pas repoussé l'eau en sa saison ! Je n'ai pas coupé une rigole sur son passage ! Je n'ai pas éteint le feu en son heure ! Je n'ai pas fraudé la Neuvaine des dieux des morceaux choisis des victimes ! Je n'ai pas repoussé les bœufs des liens des dieux ! Je n'ai pas repoussé le dieu en sa sortie ! — Je suis pur ! Je suis pur ! Je suis pur ! Pur comme est pur ce grand Bonou d'Héracléopolis !... Il n'y a aucun crime contre moi en cette terre de la Double Vérité ! Comme je connais le nom des dieux qui sont avec toi dans la Salle de la Double Vérité, sauve-moi d'eux ! » — Après s'être tourné vers les dieux assesseurs et avoir plaidé sa cause auprès d'eux, il revenait à Osiris et continuait ainsi : « Salut à vous, dieux qui êtes dans la grande Salle de la Double Vérité, qui n'avez point le mensonge en votre sein, mais qui vivez de Vérité dans Aounou et en nourrissez votre cœur par-devant le Seigneur dieu qui habite en son disque solaire. Délivrez-moi du Typhon qui se nourrit d'entrailles, ô chefs, en ce jour du jugement suprême ; donnez au défunt de venir à vous, lui qui n'a point péché, qui n'a ni menti, ni fait le mal, qui n'a commis nul crime, qui n'a point rendu de faux témoignage, qui n'a rien fait contre lui-même, mais qui vit de vérité. Il a répandu partout la joie ; ce qu'il a fait, les hommes en parlent et les dieux s'en réjouissent. Il s'est concilié le dieu par son amour ; il a donné du pain à l'affamé, de l'eau à l'altéré, des vêtements au nu ; il a donné une barque au naufragé, il a offert des sacrifices aux dieux, des repas funéraires aux mânes. Délivrez-le de lui-même, ne parlez point contre lui par-devant le Seigneur des Morts, car sa bouche est pure et ses deux mains sont pures (1) ! »

Évidemment le peuple qui s'éleva à de pareilles

(1) La *Confession négative* forme le chapitre cxxv du *Livre des Morts.* Cette confession est très ancienne, mais on ignore le lieu où elle fut composée. Ce qu'on peut affirmer c'est qu'elle est l'œuvre des prêtres d'Osiris.

maximes était animé d'un grand idéal moral. Il
serait difficile de trouver dans toute l'antiquité pro-
fane un morceau de cette valeur. Mais si cette Confession mérite notre louange et notre admiration,
est-elle comparable à la morale de la Bible contenue
et condensée dans le Décalogue? Pas le moins du
monde. Cette morale osirienne est à côté du Décalogue comme les vagues aspirations, les beaux mou-
vements de l'âme du stoïcisme gréco-romain par
rapport à l'Évangile. Deux considérations suffiront
à nous en convaincre :

En premier lieu la morale de la *Confession négative* n'est pas aussi complète que celle du Décalogue.
Les devoirs envers Dieu sont presque passés sous
silence. On n'y trouve rien d'analogue au premier
précepte du Décalogue : « Je suis le Seigneur, ton
Dieu ; tu n'adoreras pas de dieux étrangers. » Sans
doute, il y règne une grande préoccupation des intérêts des dieux et du temple ; mais ce ne sont que des
intérêts d'ordre matériel, ayant pour objet les
offrandes que l'on doit faire aux dieux. Le culte
intérieur de l'adoration, les intérêts spirituels à
l'égard de la divinité en sont absents. — Nul mot non
plus des devoirs à l'égard des parents. On y cher-
cherait en vain le : « Tu honoreras ton père et ta
mère. » La *Confession* négative contient une belle
déontologie, mais une déontologie incomplète.

En second lieu, pour la partie qui se rapproche
du Décalogue, il n'y a pas sujet à étonnement. Il ne
faut pas, en effet, se laisser tromper par ce mirage
extérieur, et oublier la nature et la portée de ces

maximes. Au fond, ce morceau ne contient que la morale naturelle ; il n'y a rien qui dépasse les devoirs que la nature elle-même nous impose. Or, au point de vue de la morale naturelle, tous les peuples se ressemblent et se rencontrent ; elle est aussi universelle que l'humanité. La Bible elle-même, dans la partie naturelle de sa morale, ne contient que ce qu'on peut trouver et l'on trouve ailleurs à des degrés différents. On s'est parfois imaginé un peu trop facilement que tout, absolument tout, devait être *nouveau* et *inédit* dans la Bible. Erreur dangereuse. L'Esprit-Saint, l'Inspirateur divin, tout en apportant à l'humanité des vérités nouvelles, a promulgué tout un ensemble d'autres vérités, qui étaient déjà inscrites dans le cœur de l'homme, et qui sont précisément l'objet de la loi naturelle, expression de la loi éternelle. Ces vérités, nous devons forcément les trouver plus ou moins ailleurs, partout où le cœur de l'homme a conservé ses tendances primitives et naturelles, et n'a pas effacé ou obscurci l'empreinte sublime que le Créateur y a gravée. Mettons-nous donc en garde contre ces jugements absolus, quand il s'agit de vérités morales. Autant il est dangereux de dire que la Bible n'a rien de commun avec les morales des autres peuples, autant il serait ridicule de soutenir qu'on ne trouve rien dans la Bible qui ne soit déjà contenu dans les morales des autres peuples. Ces conclusions extrêmes sont toujours fausses parce qu'elles ne tiennent pas compte de la réalité des faits.

CONCLUSION

L'Égyptologie peut rendre sans contredit les plus grands services aux études bibliques. Ceux qui s'occupent d'apologétique biblique, besoin qui se fait de plus en plus sentir, doivent avoir constamment l'esprit éveillé et attentif, être pour ainsi dire toujours en vedette et tirer parti de toutes les découvertes faites dans ce domaine pour la défense de la cause qu'ils ont embrassée. La plupart du temps on trouvera dans l'Égyptologie des armes précieuses pour une sérieuse et prudente défense. La Bible n'a rien à redouter des études égyptologiques ; bien plus, elle peut en espérer beaucoup de profit. Contre les espérances de ceux qui voudraient faire des Livres saints un recueil de légendes écloses on ne sait où ni comment, les textes égyptiens viendront attester assez souvent la réalité d'un grand nombre de faits racontés dans l'Écriture. Ce sera là un premier service. — D'autre part il faut se mettre en garde contre un engouement irréfléchi et excessif. On ne doit pas s'attendre à trouver toute la Bible dans les monuments égyptiens. N'ayons pas l'ingéniosité de croire qu'il ne restera plus aucune difficulté, et que l'apologétique biblique n'aura plus qu'à marcher dans une voie triomphale sans rencontrer aucun obstacle devant elle. Ce sera là un deuxième service que nous rendra l'Égyptologie. Elle nous fera sentir combien le recueil biblique est compliqué, qu'il embrasse des éléments très nombreux et très disparates et que dès lors ce ne sera pas trop de la mise en œuvre de toutes nos connaissances positives pour construire l'édifice de la science biblique. — Enfin, l'Égyptologie rendra à la Bible un troisième service. Elle prouvera que le recueil sacré contient un élément transcendant et divin, irréductible à toutes les données de l'esprit humain. Tout en confirmant un certain nombre de faits purement naturels, l'Égyptologie viendra tomber impuissante devant la religion mosaïque et affirmer par son silence que cette religion ne vient pas des hommes, mais de Dieu seul.

TABLE DES MATIÈRES

1481-09. — Imp. des Orph.-Appr., F. BLÉTIT, 40, rue La Fontaine,
Paris-Auteuil.

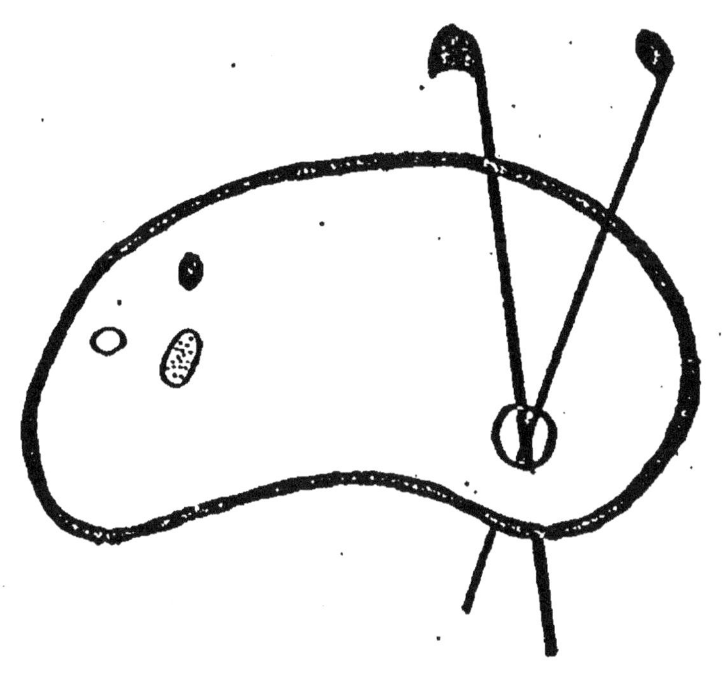

ORIGINAL EN COULEUR
NF Z 43-120-8